本书是新疆维吾尔自治区“天池英才”引进计划青年博士项目、石河子大学高层次人才科研启动项目（RCSK202404）的研究成果。

# 非控股大股东退出博弈与企业投资决策

## 影响与路径

刘洋洋　著

中国商业出版社

**图书在版编目（CIP）数据**

非控股大股东退出博弈与企业投资决策 ：影响与路径 / 刘洋洋著. -- 北京 ：中国商业出版社，2024. 8.

ISBN 978-7-5208-3098-0

Ⅰ. F279.246

中国国家版本馆CIP数据核字第202408P8L3号

责任编辑：袁 娜

中国商业出版社出版发行

（www.zgsycb.com 100053 北京广安门内报国寺 1 号）

总编室：010-63180647 编辑室：010-83128926

发行部：010-83120835/8286

新华书店经销

北京厚诚则铭印刷科技有限公司印刷

*

787 毫米 ×1092 毫米 16 开 9.5 印张 200 千字

2024 年 8 月第 1 版 2024 年 8 月第 1 次印刷

定价：68.00 元

* * * *

**（如有印装质量问题可更换）**

# 前言

## PREFACE

在新时期高质量发展的总体要求下，我国经济发展进入新常态。高质量投资是促进经济回升向好的重要途径，如何进一步激发企业投资活力，优化投资结构，提高投资效率是上市企业亟待解决的现实问题。股东参与企业治理是现代企业制度的核心特征，随着我国股权改革进程的不断推进，以及投资者法律保护的不断健全，非控股大股东通过直接参与、直接退出以及退出博弈等多种方式参与企业治理，发挥着越来越重要的作用，退出博弈已成为非控股大股东参与企业治理的重要方式。在社会心理学中，利益主体利用博弈表达诉求，通过施加压力讨价还价，最终目的是通过交流、谈判等方式在博弈中实现自身利益最大化。当积极发声渠道受阻或成本过高但又不想直接退出时，非控股大股东会倾向于通过退出博弈改变企业决策主体的认知，影响企业决策。由于非控股大股东持股较多，其利益与企业发展息息相关，有动机和能力关注企业投资决策。非控股大股东退出博弈是企业所有权结构的重要组成部分，而投资决策作为企业三大财务决策之一，事关企业长远发展和非控股大股东的利益，是企业治理的重要内容，那么，非控股大股东退出博弈会影响企业投资决策吗？深入认识非控股大股东退出博弈与投资决策关系，为评价股权结构改革对实体经济发展的影响及路径，提供了一个“由内而外”的治理机制和良好的微观视角，为我国进一步优化股权改革方案和股票市场发展提供了经验证据和政策启示，同时也为优化企业投资决策、推动其高质量发展提供了新思路。因此，基于中国经验的大股东研究实现了股权结构理论研究逻辑的演进与中国特殊经验的交汇，非控股大股东退出博弈能否作为一种有效的治理方式影响企业投资决策，是尚待研究的重要问题。

鉴于此，本书从股东企业治理的视角出发，以2010—2021年我国沪深A股上市企业为研究对象，在对我国股权制度改革进行梳理的基础上，聚焦非控股大股东退出博弈，结合理论分析、理论模型和实证检验系统验证了非控股大股东退出博弈对企业投资决策的治理效应。首先，在回顾现有研究、概念界定与制度背景的基础上，提出本书研究的问题并结合理论模型进行分析。其次，根据本书理论基础和理论分析，研究非控股大股东退出博弈对企业投资决策的影响，基于投资结构和投资效率两个层面，具体考虑投资结构中的实业、金融和创新投资，验证退出博弈程度、非控股大股东其他治理方式及持股主体的差异化影响，并探究企业投资结构的动态变化，同时深入探究非控股大股东退出博弈影响的内在机制，并结合投资结构研究非控股大股东退出博弈对投资效率的影响。最后，根据研究结论，探讨完善企业治理机制以及优化投资决策路径和方法。

本书的主要研究结论如下。

第一，非控股大股东退出博弈作为一种有效的治理机制，通过治理效应和信息效应能够有效优化投资结构，促进实业投资和创新投资，抑制金融投资水平，有助于维护企业长期稳定。以上结论经过一系列稳健性检验后依旧成立，但以下三个方面需要特别注意。一是考虑退出博弈程度差异：退出博弈可信性更高、强度更大时，非控股大股东退出博弈影响效应更显著。二是考虑非控股大股东其他治理方式：直接退出与退出博弈产生了相同的影响效应，而非控股大股东直接参与企业投资决策，则削弱了其退出博弈的动机。三是考虑非控股大股东主体差异：机构投资者、外资以及长期战略型大股东退出博弈产生的显著影响。基于我国外生政策冲击，上市企业减持管制政策削弱了非控股大股东退出博弈的影响，而放松卖空管制政策则强化了其治理作用。

第二，基于企业治理视角，非控股大股东退出博弈主要通过缓解代理问题以及提高信息披露质量影响企业各类投资。同时，非控股大股东退出博弈有助于优化企业投资结构，具体而言，缓解了金融投资对实业投资和创新投资的挤占，对企业发展具有长期意义。

第三，非控股大股东退出博弈有助于提升企业投资效率，同时，其对投资结构的优化效应对投资效率产生了积极影响。非控股大股东退出博弈对实业投资的促进效用提高了投资效率，能够抑制过度投资，缓解投资不足。例如，其对金融投资的抑制作用提高了投资效率，表现为缓解投资不足；其对创新投资的促进作用提高了投资效率，表现为缓解投资不足。因此，非控股大股东退出博弈能够分别提高实业投资效率、金融投资效率以及创新投资效率。

本书的主要研究贡献如下。

第一，基于股东积极主义理论，在运用理论模型的基础上结合实证研究深入剖析非控股大股东退出博弈的治理效应。将博弈这一心理学的概念纳入大股东在企业治理中的治理效果机制，本书是对芝加哥学派观点的有益延伸，详细探究了非控股大股东退出博弈对企业实业、金融、创新投资及投资效率的影响。通过模型分析非控股大股东退出博弈对企业投资决策的影响，以及非控股大股东、管理层和控股股东在企业投资决策中的博弈与权衡，为后续实证分析奠定基础。

第二，基于非控股大股东的细分视角，拓展了企业投资决策的研究框架。本书将投资决策分为投资结构和投资效率两个层面，不仅具体探究了非控股大股东退出博弈与企业实业、金融、创新投资的关系，而且在此基础上考虑了企业投资结构动态变化，并对非控股大股东退出博弈如何通过投资结构影响投资效率进行了详细探究。以往研究甚少将企业的投资结构进行详细划分并与投资效率结构进行研究，本书为企业投资决策的研究框架补充了翔实的理论和实证证据。

第三，基于非控股大股东以及退出博弈的不同特征，同时侧重考察不同情境下退出博弈治理效用的异质性。本书从非控股大股东和退出博弈两个角度出发，探究了非控股大股东不同治理方式、不同主体以及退出博弈不同程度的差异化影响。已有研究并未将非控股大股东的其他治理方式置于退出博弈框架中共同考虑，本书则考虑了其直接退出以及直接参与方式的影响。同时，不同于以往研究单一地考虑非控股大股东的主体特征，本书以持股主体和持股时限差异将其详细划分为机构投资者、自然人、外资、长期战略型和短期投机型大股东，同时探究退出博弈不同程度的治理效果，而深入探讨异质性特征对退出博弈治理效应的影响，对于了解其内在机制具有积极意义。

第四，基于退出博弈产生的客观因素，纵深关注非控股大股东退出博弈影响投资决策的路径机制。构建“非控股大股东退出博弈—企业治理—投资结构”以及“非控股大股东退出博弈—投资结构—投资效率”两条路径，使得非控股大股东退出博弈能够通过影响代理成本和信息披露质量对投资结构产生治理效应，能够通过优化投资结构从而提高投资效率。本书据此厘清了非控股大股东退出博弈对投资决策产生影响的路径，为优化投资结构、提高投资效率提供了启示。

# 目　录
# CONTENTS

# 第 1 章

绪论

# 1.1 研究背景与研究意义

## 1.1.1 研究背景

中国证监会《上市企业治理准则》中指出，要“注重建立合理制衡的股权结构”。我国监管层鼓励上市企业形成大股东分权制衡的股权结构，认为非控股大股东的存在有利于形成互相监督和制衡的治理环境。对存在非控股大股东股权结构的企业治理效应及其经济后果的研究是近年来国内外学术界关注的热点话题，对非控股大股东的关注不仅符合理论研究演进的逻辑，也有其深刻的实践背景。

从学术研究的发展逻辑来看，股权结构决定了企业权利和利益的分配，是企业治理问题的逻辑起点。在股权分散的情况下，企业股东持股比例相对较少，其监督管理层的成本相比监督所带来的收益较高，同时，要与所有股东共享收益。在此情况下，导致对管理层监督不足，第一类代理问题较为突出，该情况在股权分散的美国上市企业中表现显著。虽然在英美国家中，企业的股权结构较为分散，但实际上，在多数国家中都呈现出较为集中的股权结构，东亚国家企业中这一特点更为明显。当企业存在持股比例较为集中的控股股东时，其所获收益足够弥补监督成本，能够对管理层进行积极监督，有效地缓解管理层的代理问题。控股股东能够对管理层进行有效监督，但由此产生了大小股东之间的第二类代理问题，缺少对控股股东的监督机制导致中小股东的利益无法得到有效保障，此时，非控股大股东及其“分权控制”“股权制衡”的思想进入理论研究的视野。从实践背景来看，不论是股权集中的大陆法系国家，还是股权分散的英美法系国家，多个大股东的股权结构在世界范围内普遍存在。欧洲超过三成的上市企业中存在多个大股东，西欧国家持股10%以上的大股东数量较多，超过50%的上市企业存在两个以上的此类大股东，博瓦克尔等以法国上市企业为研究对象，发现其中存在两个以上大股东的比例达到了37.1%。在亚洲地区，东亚九国中超过30%的企业拥有至少两个大股东，各个国家大股东的平均持股水平存在较大差距，在我国上市企业中，普遍存在拥有超过两个大股东的股权结构。

股东治理在企业治理框架中有着重要的地位，股权分置改革降低了上市企业的股权集中度，在此情况下，股东间的制衡更加明显，大股东拥有更显著的治理效应。大股东参与企业治理的方式大体有三种：即直接参与、直接退出以及退出博弈。以往对股东企业治理的相关研究，主要关注股东对管理者经营决策的影响。芝加哥学派奉行的股东积极主义理论认为，大股东有动机和能力监督管理层，通过多种方式参与治理，如提交议案、策略性投票、协商谈判、派驻董事、否决高管薪酬方案等。大股东除直接参与外，还能够通过“用脚投票”表达诉求，由此大股东被外部市场认为是具有信息优势的内部人。同时，由于其持股较多，大股东的退出行为会成为一种传递企业信息的信号机制，进而发挥企业治理作用。

非控股大股东的股权结构，在形成路径和现实构成上都有着显著的特色背景烙印。首先，股权结构的制衡性质被认为能够有效地解决我国上市企业“一股独大”下的企业治理难题，因此受到理论研究和监管层的重视。其次，伴随着股权分置改革的完成和混合所有制改革的深入推进，我国上市企业第一大股东持股比逐渐降低[①]，“一股独大”情况的缓解为多股分权控制和制衡真正发挥作用提供了空间。最后，混合所有制改革作为我国上市企业大股东股权结构形成的特殊路径，塑造了差异化的大股东结构，这为相关问题的研究提供了良好的自然场景。股权分置改革后，我国控股股东和非控股大股东所持有的股份由原来的非流通股变为流通股，上市企业的股权结构趋于制衡性和多元化。一方面，使控股股东财富与股票价格密切相关；另一方面，为非控股大股东的退出提供了可能[②]。2010年3月，我国证监会正式放开卖空管制，股票流动性得到提升，2014年5月9日，国务院发布《关于进一步促进资本市场健康发展的若干意见》，首次提出“鼓励上市企业建立市值管理制度”，这宣告了我国上市企业市值管理进入规范化和制度化阶段，控股股东和管理层出于自身利益考虑，有较强的意愿维护二级市场上的股票价格，这为退出博弈发挥作用创造了条件。

非控股大股东在我国上市企业中的影响越来越重要，伴随着我国市场化改革的深入推进以及投资者法律保护的不断健全，退出博弈已成为非控股大股东参与企业治理的一种重要方式。非控股大股东退出博弈是由非控股股东个体或其联合组成的团体，通过集体谈判、共同声明等威慑性手段与企业管理层或控股股东进行博弈，进而谋取表达利益诉求、监督企业决策、完善企业治理机制等权利的治理方式。2021年12月，腾讯控股将所持有的京东股权发放给股东，其对京东集团的持股比例由17%降至2.3%。腾讯控股变相的大股东退出行为，导致京东集团股票价格当日一度大跌超过10%。2016年，朗源股份发布公告，持股17.37%的战略投资者非控股大股东杨建伟拟减持其全部股份，随后该企业股价跌停。2021年8月，永福股份的非控股大股东宁德时代宣布减持股份后，永福股份股价一路走低，后续更是一直跌停。这些事件说明非控股大股东的实质退出确实会对企业造成重大影响，也是退出博弈这一潜在治理机制发挥作用的重要前提，即使非控股大股东没有实

① 根据郑志刚（2018）的研究，中国上市企业第一大股东持股比十多年来一直处于下降通道中，1999年平均持为 46%，股改完成后的 2007 年下降到 35%，随着混改推进和外资进入，2015 年下降到无法实现相对控股的 33%。截至 2016 年年底，3000 多家上市企业中，第一大股东持股比小于 20% 的企业超过 500 家。

② 尽管从理论上说，在股权分置改革之前，非流通大股东也可以通过协议转让的方式退出，但是，由于没有正式的交易市场，一方面，难以找到合适的买家；另一方面，价格形成也存在一定的难度，往往由交易双方根据流通股价格打一定的折扣，或者根据净资产确定一个双方可以接受的价格。这些都会影响非流通股东的退出。

质退出，其退出公告就对企业股价造成了严重影响，这也为退出博弈这一潜在治理机制发挥作用提供了依据。

目前，对于非控股大股东退出博弈问题的相关研究尚不充足，已有研究从理论方面对非控股大股东退出博弈进行了初步探索，发现非控股大股东退出博弈能够提高企业治理、抑制盈余管理水平、降低两类代理成本以及推动出口产品质量升级。目前，尚缺乏对于非控股大股东退出博弈的系统性研究来评估其是否在我国市场中产生影响以及产生了怎样的影响。非控股大股东退出博弈能否作为一种有效的治理方式，是尚待研究的一个重要问题。

有鉴于此，本书试图基于企业投资决策视角来探析非控股大股东退出博弈的作用，以期为推动建立股权结构合理的高质量企业提供理论依据和政策参考。选择投资决策的原因在于：一方面，投资是拉动经济增长的三驾马车之一，对于提高经济发展质量具有重要意义，党的十九届六中全会明确提出我国经济已由高速增长阶段转向高质量发展阶段，党的二十大报告也指出我国经济增长要从“稳步”到“有效”，体现了对于发展质量的重视，更加注重投入产出的效率，着力提高投资有效性。在我国经济新常态下，优化企业投资决策是经济高质量发展的重要内容。另一方面，企业投资决策作为企业的三大财务决策之一，事关企业长远发展，而合理投资能够保障企业所有者的利益，与非控股大股东息息相关，其有动机和能力关注企业投资决策。

### 1.1.2 研究意义

目前，退出博弈治理效应主要基于西方资本市场经验得出，其是否存在于新兴资本市场国家，有待进一步深入挖掘。2021年，我国流通股市值在世界范围内排名第二，资本市场的影响力不断增强，在市场迅速发展的同时也有诸多问题存在，如法治建设不完善、投资者保护薄弱等。那么，非控股大股东退出博弈究竟能够发挥怎样的作用就是一个值得探究的问题。因此，基于我国经验的大股东研究结合了股权结构理论研究逻辑的演进和我国特殊经验的交汇，在退出博弈的研究框架中考虑非控股大股东退出博弈对企业投资决策的影响，不仅推动了理论的进步，也呼应了实践的需要。

#### 1.1.2.1 理论意义

第一，本书以非控股大股东退出博弈的治理作用为视角，研究其对企业投资决策的影响，充实了退出博弈的研究框架。将非控股大股东的退出博弈视为一种企业治理机制，将心理学概念与企业治理内容相结合，充实了大股东的企业治理方式，探究不同方式的作用差异。本书以芝加哥学派提出的观点为基础，为非控股大股东通过退出博弈影响企业财务决策的经验证据，详细分析了非控股大股东退出博弈对企业实业投资、金融投资、创新投资及投资效率的影响。

第二，本书是对企业投资决策影响因素的有益补充。就企业自身而言，投资决策是企业非常重要的财务决策，本书探究了非控股大股东对企业投资决策的影响，将投资决策的研究分为投资结构和投资效率两个层面，详细探究投资结构中实业投资、金融投资与创新投资的动态变化，同时，证实了非控股大股东退出博弈对投资结构的治理效应最终会对投资效率产生积极影响。因此，本书对投资决策的相关研究具有重要的理论意义，对投资决策的相关研究体系进行了补充。

第三，本书同时侧重考察不同情境下退出博弈治理效用的异质性，有助于从宏观和微观两个层面研究非控股大股东退出博弈对企业投资决策的影响。本书从非控股大股东和退出博弈两个角度出发，探究了非控股大股东不同治理方式、不同主体以及退出博弈程度差异的影响，拓展了不同情境下非控股大股东对投资决策的影响。同时，从宏观方面来看，非控股大股东退出博弈的作用需要考虑异质性环境的影响，特别是对处于新兴/转轨经济体的我国，相关制度变迁较为频繁，微观经济主体的生产、经营、投资活动及其经济后果深受制度环境的影响，不同的市场发展、行业特点等对非控股大股东退出博弈会产生不同的影响，因此考察不同外部情境下退出博弈治理效应的异质性特征能够为企业的进一步发展提供理论依据，具有重要的理论意义。

#### 1.1.2.2 现实意义

第一，本书考察了退出博弈的经济后果，揭示了非控股大股东退出博弈对资本市场的反应，证明了非控股大股东退出博弈的治理作用，能够有效地推动多种企业治理方式作用的发挥。近年来，非控股大股东的整体数量呈现上升趋势，这符合国家建立合理制衡的股权结构的要求，也从侧面表明非控股大股东对企业会产生越来越重要的作用，非控股大股东退出博弈能够有效保障广大股东对企业重大决策的知情权和决定权，对企业信息披露、治理监督等方面都起到重要的作用，研究其对企业投资决策的影响具有重要的现实价值，有利于优化投资结构，提高投资效率，使企业充分重视非控股大股东在企业中的作用，加强企业治理，促进企业高质量发展。

第二，本书对于评价股权结构改革对实体经济发展的影响及其具体路径提供了一个“由内而外”的治理机制和良好的微观视角，为我国进一步优化股权改革方案提供经验证据和政策启示。我国对于股权的一系列改革方案对解决股票市场相关股东之间的利益平衡问题有着非常重要的作用，本书为股权改革产生的影响提供了一定经验证据，印证了股权结构合理、利益分配高效、进退机制灵活以及核心竞争力突出的高质量企业始终是推动保障创新驱动高质量发展的微观载体，有利于衔接并夯实“治理水平—企业质量—经济质量”的内在逻辑及其理论依据，进一步推动我国股权结构改革，引导其充分发挥能力促进企业发展，为企业建立更加均衡、合理的结构营造良好的外部环境，为推进新时期股权结构改革，充分发挥非控股大股东的作用提供对策与建议。

## 1.2 研究内容与研究框架

### 1.2.1 研究内容

本书的研究内容大体如下。

第一章：绪论。本章主要阐明研究背景和研究意义，对研究内容和论文框架加以说明，确定研究思路和研究方法，并指出本书的创新之处。

第二章：文献综述。本章主要从三方面进行文献梳理，第一，关于非控股大股东及其退出博弈的研究，包括控股股东与非控股大股东的治理差异，同时，总结关于非控股大股东对企业治理作用的研究，另外，关于非控股大股东股权制衡与退出博弈的经济后果分析，国外首先进行了相关探索，我国在股权分置改革后相关研究逐渐增加，但仍然比较有限，通过这部分综述可以了解目前非控股大股东退出博弈的研究成果。第二，关于企业投资决策的文献回顾，本章分别回顾了企业实业投资、金融投资、创新投资和投资效率的影响因素。第三，关于大股东对企业投资决策影响的文献综述，对现有的关于股东对企业投资决策的影响进行归纳。第四，在文献述评的基础上，总结现有研究的不足之处以及未来可能的研究方向，引出本章的研究视角和研究主题。

第三章：理论基础与制度背景。首先，本章对非控股大股东、非控股大股东退出博弈以及企业投资决策这些核心概念进行细致的描述和定义。其次，对非控股大股东退出博弈与企业投资决策，以及理论基础进行详细阐述，包括股东积极主义理论、退出博弈理论、委托代理理论、信息不对称理论、信号传递理论以及融资约束理论等。再次，分析相关制度背景，包括股权分置改革、股权制衡机制的建立、市值管理制度的发展以及放松卖空管制政策。最后，结合模型对非控股大股东退出博弈的影响进行理论分析。

第四章：非控股大股东退出博弈与实业投资。本章是对投资结构中的实业投资进行深入分析，结合现有相关理论成果及其最新启示，选取2010—2021年我国沪深A股上市企业，验证非控股大股东退出博弈对实业投资的影响。首先，根据理论分析中提出的假设进行基本检验，并对退出博弈的程度、非控股大股东其他治理方式、持股主体异质性进行深入检验。其次，基于企业治理视角，并根据理论分析验证代理成本和信息披露质量的中介机制作用。再次，基于外部监督与行业发展进行差异性检验，在进一步检验中考虑外部政策冲击的影响。最后，进行本章小结，总结本章结论并提出相应的政策建议。

第五章：非控股大股东退出博弈与金融投资。本章是对投资结构中的金融投资进行深入分析，结合现有相关理论成果及其最新启示，选取2010—2021年我国沪深A股上市企业，验证非控股大股东退出博弈对实业投资的影响。首先，根据理论分析中提出的假设进行基本检验，对退出博弈的程度、非控股大股东其他治理方式、持股主体异质性进行深入检验，并运用多种方式进行了稳健性检验。其次，基于企业治理视角，并根据理论分析验证代理成本和信息披露质量的中介机制作用。再次，在进一步检验中考虑非控股大股东退出博弈对金融投资结构的影响，接着根据市场环境变化进行差异性检验，并考虑外生政策冲击产生的作用。最后，进行本章小结，总结本章结论并提出相应的政策建议。

第六章：非控股大股东退出博弈与创新投资。本章是对投资结构中的创新投资进行深入分析，结合现有相关理论成果及其最新启示，选取2010—2021年我国沪深A股上市企业，验证非控股大股东退出博弈对实业投资的影响。首先，根据理论分析中提出的假设进行基本检验，对退出博弈的程度、非控股大股东其他治理方式、持股主体异质性进行深入检验，并运用多种方式进行了稳健性检验。其次，基于企业治理视角，并根据理论分析验证代理成本和信息披露质量的中介机制作用。再次，在进一步检验中考虑创新产出的结果，接下来根据市场与行业环境的不同进行差异性检验，并验证外生政策冲击的影响。最后，进行本章小结，总结本章结论并提出相应的政策建议。

第七章：非控股大股东退出博弈、投资结构与投资效率。本章在第四、五、六章验证非控股大股东退出博弈对投资“量”影响的基础上，将研究的内容聚焦于投资“效率”，拟有机结合现有相关理论成果及其最新启示，选取2010—2021年我国沪深A股上市企业，验证非控股大股东退出博弈对企业投资效率的影响。首先，结合第四、五、六章的主要研究内容，深入剖析非控股大股东退出博弈对企业投资结构变动的影响，并根据理论分析中提出的假设进行基本检验。其次，考虑非控股大股东对实业投资、金融投资和创新投资的治理效应对企业投资效率的影响，接着进行稳健性检验。再次，分别对实业投资效率、金融投资效率和创新投资效率的变动进行检验，并基于内部治理与外部扶持进行拓展研究。最后，进行本章小结，总结本章结论并提出相应的政策建议。

第八章：研究结论与展望。本章基于实证检验结果得出文章的主要结论，同时结合制度背景和相关理论分析，分别应对监管部门、企业以及非控股大股东归纳出文章的研究启示及相关政策建议，总结文章的研究局限与未来展望。

### 1.2.2 研究框架

遵循“查阅文献与述评—确定研究题目—政策背景梳理—理论剖析—提出研究假设—搜集整理数据—建立模型实证检验—稳健性检验—形成结论—撰写论文”的基本研究路径。围绕文章的总体研究内容，设计文章的研究框架（见图1-1）。

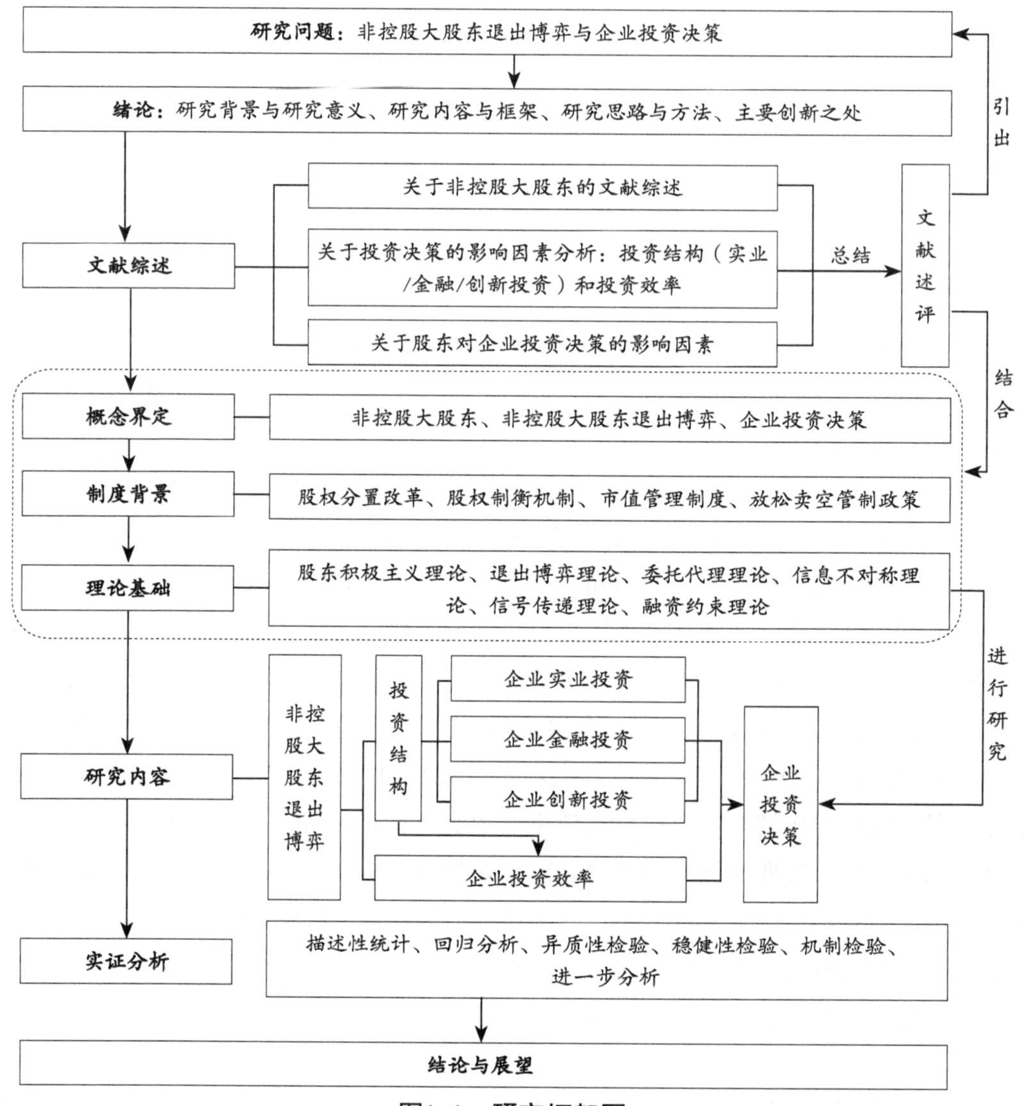


图1-1 研究框架图

# 1.3　研究思路与研究方法

## 1.3.1　研究思路

本书从博弈这一心理学视角出发，基于退出博弈理论、委托代理理论和信息不对称理论等，参考现有研究描述并计算非控股大股东退出博弈，研究非控股大股东退出博弈对企业投资决策的影响。整体研究思路如下：首先，根据研究背景提出研究主题，非控股大股东退出博弈对企业投资决策的影响，并针对研究问题进行文献综述。其次，在理论分析与制度背景方面，对研究问题所需要的理论进行分析，同时描述制度背景，并结合模型对研究问题进行探讨。在指标构建方面，根据现有研究，计算非控股大股东退出博弈的指标。在具体研究内容方面，本书在退出博弈的视角下，深入研究非控股大股东退出博弈对企业投资决策的影响，具体而言，分析非控股大股东退出博弈对企业实业投资、金融投资、创新投资和投资效率的影响，在理论机制和中介模型分析中总结影响的作用路径，并考虑这些影响在不同的制度环境下可能存在的差异性。在启示与建议方面，在严谨分析非控股大股东退出博弈与企业投资决策影响的基础上，本书的一系列结论和研究能够为现有理论和实务层面作出增量贡献。最后，根据本书的研究结论提出现实意义，为我国股权结构的进一步改革发展提供经验证据和启示，同时，为我国上市企业投资结构的优化、投资效率的提高提供新的思路和方向。

本书主要从两个层面考虑非控股大股东退出博弈对投资决策的影响，分别为企业的投资结构和投资效率。重点实证研究了以下内容：第一，聚焦于企业投资结构，分别探究非控股大股东退出博弈对实业投资、金融投资、创新投资的影响，并考虑非控股大股东引起的投资结构动态变化。第二，聚焦于委托代理理论和信息不对称理论，研究非控股大股东退出博弈影响企业投资结构的具体机制。第三，聚焦于内外部制度环境差异，如退出博弈的程度、非控股大股东其他治理方式、持股主体异质性、外部监督、市场化发展以及行业差异等方面，探究非控股大股东退出博弈影响的异质性特征。第四，聚焦于企业投资效率，首先研究非控股大股东退出博弈对企业投资效应的总体影响，随后分别研究非控股大股东退出博弈对实业投资、金融投资、创新投资治理效应如何影响投资效率。本书研究不仅拓展了大股东企业治理以及企业投资决策的相关研究领域，同时，对于推动企业股权结构改革，促进大股东积极治理效应，优化投资结构，提高投资效率具有积极意义。

## 1.3.2　研究方法

为深入探究非控股大股东退出博弈对企业投资决策可能的影响，本书拟基于退出博弈的重要视角，运用规范研究与实证研究相结合、理论与实践相印证的研究方法，更加全面、整体地分析文章的研究主题，层层递进剖析非控股大股东退出博弈如何影响企业投资决策。

规范研究方面。规范研究主要集中于前三章的研究背景、文献综述以及理论分析等内容。首先，文章根据我国非控股大股东的现状、退出博弈的影响以及企业投资决策的相关研究提出了主要的研究问题。其次，从非控股大股东的治理机制、投资决策的影响因素以及大股东对投资决策的影响三方面进行文献综述，并据此进行文献述评。最后，理论分析方面，主要基于非控股大股东的性质和地位，系统梳理非控股大股东退出博弈的制度背景及其经济后果，对企业投资决策的研究现状进行系统分析，为后续的实证检验奠定理论基础。如以股东积极主义理论的视角，非控股大股东退出博弈通过抑制委托代理问题和信号传递效应影响企业投资决策，使企业的投资结构和投资效率产生变化，而投资结构方面，又会对实业投资、金融投资和创新投资产生不同的影响。

在实证研究方面。本书利用多种回归分析方法进行研究。在数据方面，选取2010—2021年我国沪深A股上市企业为样本，并根据相关问题构建研究模型，在实证分析中具体运用描述性统计分析、多元回归分析等方式，通过Stata实证分析软件对相关模型进行回归，以检验非控股大股东退出博弈的治理效应，并使用Heckman两阶段检验、PSM检验、DID检验、控制行业年度趋势、替换变量等多种方法进行稳健性检验，以缓解文章可能存在的内生性问题并增强前文研究内容的严谨性，利用中介效应模型对非控股大股东影响企业投资决策的机制进行检验，最后根据规范研究的内容并结合实证研究结果得出研究结论。

## 1.4 主要创新之处

本课题的特色和创新之处主要体现在以下三个方面。

第一，基于股东积极主义理论，在运用理论模型的基础上，结合实证研究深入剖析非控股大股东退出博弈的治理效应。将博弈这一心理学的概念纳入大股东在企业治理中的治理效果机制，其企业治理效应及其经济后果的研究是近年来国内外学术界关注的热点话题，已有研究虽然已经对退出博弈的经济后果进行了一些探讨，但还有一些不完善之处，本书是对芝加哥学派观点的有益延伸，详细探究了非控股大股东退出博弈对企业实业投资、金融投资、创新投资、投资效率的影响。同时，通过模型分析非控股大股东退出博弈对企业投资决策的影响，将非控股大股东、管理层和控股股东在企业投资决策中的博弈与权衡运用模型分析，从模型推导角度分析非控股大股东退出博弈对企业投资决策的影响，为后续实证分析奠定基础。

第二，基于非控股大股东的细分视角，拓展了企业投资决策的研究框架。以往研究甚少从非控股大股东的视角对投资决策的影响进行系统的研究，本书详细而深入地考虑了非控股大股东退出博弈对企业投资决策的影响，将投资决策分为投资结构和投资效率两个层面，不仅具体探究了非控股大股东退出博弈与企业实业投资、金融投资、创新投资的关系，而且在此基础上考虑了非控股大股东退出博弈导致的企业投资结构动态变化，并对非控股大股东退出博弈对投资效率产生的总体效应，以及其如何通过投资结构影响投资效率进行了详细探究。以往研究甚少将企业的投资结构进行详细划分并与投资效率结构共同进行研究，本书为企业投资决策的研究框架补充了翔实的理论和实证证据。

第三，基于非控股大股东以及退出博弈的不同特征，同时侧重考察不同情境下退出博弈治理效应的异质性。已有研究并未将非控股大股东的其他治理方式同时置于退出博弈的框架中共同考虑，非控股大股东作为非理性的经济人，能够利用多种方式参与治理，其在选择不同方式的过程中势必会根据自身利益进行权衡，各治理方式之间会产生影响，本书考虑了非控股大股东直接退出以及直接参与方式的影响。同时，不同于以往研究单一地考虑非控股大股东的主体特征，本书在以非控股大股东为主体的基础上，根据持股主体差异将其详细划分为机构投资者、自然人、外资大股东，并根据持股时限差异将其分为长期战略型和短期投机型大股东，进而详细探究不同主体退出博弈的差异化影响，同时侧重考察退出博弈不同程度对其治理效应的不同影响。本书从非控股大股东和退出博弈两个角度出发，探究了非控股大股东不同治理方式、不同主体以及退出博弈不同程度的差异化影响，拓展了不同情境下其对投资决策的影响，并深入探讨了异质性特征对退出博弈治理效应存在的影响差异，这对于深入了解退出博弈治理效应的内在机制具有积极意义。

# 第 2 章

# 文献综述

本章主要研究在股权改革背景下，非控股大股东退出博弈对企业投资决策的影响，聚焦于非控股大股东退出博弈对实业投资、金融投资、创新投资与投资效率的影响，本章对现有研究进行文献综述，按照非控股大股东的治理机制、企业投资决策的影响因素、大股东对企业投资决策的影响三个方面进行文献梳理，并进行文献述评。

## 2.1 非控股大股东的治理机制

### 2.1.1 控股股东与非控股大股东的治理差异

与美英两国高度分散的股权结构不同，我国上市企业的股权结构较为集中，表现出“一股独大”这一突出特征，控股股东掌握着企业经营决策的权力，在此情况下，中小股东的利益无法得到有效保障，管理层虽然负责企业日常的经营决策，但控股股东较大的权力会导致管理层最终决策与控股股东保持较高的一致性，控股股东往往利用自身的权力牟取私利。我国诸多学者认为上市企业“一股独大”产生了负面治理效应，多元股权制衡能够有效地促进我国上市企业治理的平衡性，但是相关的理论与实证研究也没有取得一致意见。当企业存在非控股大股东时，会分散控制权，可能会引起控制权争夺，这制衡了控股股东在企业的权力，在一定程度上削弱了控股股东对中小股东的利益侵占，限制其对中小股东的掠夺。其他大股东存在而产生的股权制衡能够对企业价值产生积极影响。还有学者认为非控股大股东并未对中小股东起到积极作用，通过实证研究也发现非控股大股东并未对控股股东起到监督制衡的作用，而是与之合谋从而获得更大的利益，这就严重损害了中小股东的利益。此外，魏熙晔和张前程研究发现了非控股大股东的持股比例与企业价值并非简单的线性关系，二者呈倒U形关系，并提出了最优股权结构的思路和证据。

大股东虽然能够对企业治理产生影响，但这并不意味着所有大股东都有相同的目标，大股东按照是否控股可以分为控股和非控股两大类，控股股东和非控股大股东的持股数量、话语权、身份等多方面存在差异，导致二者间的具体目标和利益追求不尽相同。在我国上市企业股权集中度较高的背景下，代理冲突更多地表现在控股股东和其他股东之间，诸多实证及案例基于多维度数据进行了相关研究，发现我国上市企业中控股股东存在侵占其他股东利益的问题。控股股东能够利用自身的股权优势通过多种渠道牟取私利，如占用资金、盈余管理、关联交易、信息操纵等，这就侵占了非控股大股东的利益。现实证据及已有研究表明，由于控股股东对企业掌握绝对的控制权，其相比于其他利益相关者来说在各个方面都具有一定优势，在企业整体的股权结构中，如果没有其他大股东与其形成制衡，那么就无法对控股股东形成有效监督和约束，进而导致其为了大量攫取私利而损害其他股东的利益，这也不利于企业的长远发展。

非控股大股东是有别于控股股东和中小股东的一种股东类型，作为二者间的第三方力量，能够对企业运营决策产生影响。非控股大股东持股比例相对较多且更具备专业背景知识，其关注并参与企业治理的动机更加迫切。从能力来看，非控股大股东持股相对较多，其持有的股份与企业股价稳定相关，且能够通过提议召开临时股东大会等方式达到企业治理的目的。从动机来看，与中小股东不同，非控股大股东持股较多且时间较长，其个人利益与企业长远发展息息相关，对于上市企业披露的信息会更加认真地辨别和分析，会更加关注企业的发展前景和长远收益。

## 2.1.2　非控股大股东的治理作用

### 2.1.2.1　非控股大股东股权制衡的影响效应

股权制衡是企业在追求利益最大化的过程中，股权结构不断改革形成的一种状态。股权制衡被认为能够有效缓解我国控股股东一股独大带来的不利影响，受到相关监管部门的推崇，也备受学术界关注。非控股大股东是股权结构改革过程中形成的主体之一，也是股权制衡的重要载体。

在以往的实践与研究中，非控股大股东参与企业治理的方式主要有两种，分别是直接参与和直接退出。非控股大股东想要影响企业治理的相关问题时，会首先采用直接参与的方式，即用手投票来解决问题，具体包括策略性投票、委派董事、提案对管理层进行任免等。若非控股大股东采用退出方式来表达自己的诉求，不仅会给自身和企业带来巨大损失，而且还无法共享上市企业因其退出而改善治理水平的成果，退出是非控股大股东最终的无奈之举，其往往不想采用这种方式达到自己的诉求，只有当其他治理方式均无效时，非控股大股东才会在衡量成本收益后考虑退出。实际上，在直接参与和直接退出这两种方式之间，还存在“退出博弈”这一治理方式，当直接参与方式无效但又不想直接退出时，会通过退出博弈的方式与企业管理层或控股股东进行博弈，以此来约束管理层和控股股东的私利行为，以达到重新谈判进而谋取表达利益诉求的权利、监督企业决策、完善企业治理机制的目的。因此，非控股大股东实现治理的链条应该是直接参与（用手投票）—退出博弈（用嘴博弈）—直接退出（用脚投票）。

多数研究认为非控股大股东对企业治理具有积极作用。企业业绩与价值方面，非控股大股东的存在可以通过建立有效的内部监督体系来抑制控股股东的侵占行为，以此提高企业的价值。欧洲的家族企业就表现出此特点，在家族企业中，大股东之间的股权制衡对企业价值具有提升作用，莫里和帕尤斯特以芬兰上市企业的数据为样本得出了相似的结论，大股东越多、股权越分散，企业价值越高，且这一现象在家族企业中更加明显，还有学者利用德国和意大利的数据研究发现除控股股东外其他大股东的存在对企业机制具有提升效应。阿蒂格等则是以东亚地区9个国家的上市企业为研究对象，同样证明了当上市企业内有多个大股东时对企业价值有积极影响。很多国内学者利用我国上市企业数据也发现了类似的现象，资金占用、关联交易等是控股股东进行利益侵占的主要方式，当非控股股东的持股比例逐渐增加，超过一定程度与控股股东形成股权制衡时，资金占用和关联交易的频率和金额均会有所降低，同时，由于非控股大股东处于相对信息劣势，会利用各种方式对控股股东进行监督，监督成本的存在使得其与中小股东间的利益冲突与信息分歧得到缓解，对企业价值产生积极作用。

企业财务行为方面，非控股大股东对企业融资、筹资和资金持有具有显著的影响。企业融资层面，阿蒂格等以股权融资成本为研究内容，通过对欧洲和亚洲上市企业的对比研究发现，上市企业中的非控股大股东能够减少股权融资成本，同时，其持股比例与数量增强了在企业内的影响力。我国学者通过案例进行研究，发现其他大股东的存在对于控股股东来说，增加了控制权竞争压力，这对企业投资决策具有积极意义。王运通和姜付秀则以债务融资成本为研究内容得到了相似的结论，证实了非控股大股东对降低债务融资成本的积极作用。还有学者通过对比上市企业是否存在非控股大股东，探究了非控股大股东对企业融资约束的影响，发现二者呈负相关关系，说明非控股大股东对降低融资成本、缓解融资约束具有正面效应。企业投资层面，其他大股东提高了企业的投资效率，促进了企业的技术创新水平。姜付秀等发现中国上市企业中具有多个大股东时，能够抑制过度投资水平，具有更高的投资效率，企业未来的投资绩效也会有所提升，李姝等则认为非控股大股东的积极性会对其行为产生重要影响，当其更加积极地参与企业治理时，企业研发投入金额以及专利申请数量均会增加，从而促进了企业创新。企业现金持有层面，其他大股东提高了现金持有价值，阿蒂格等的研究发现其他大股东能够增加企业现金储备的价值；林翠荣等探究了中国上市企业超额现金持有是否受到其他大股东的影响，发现若上市企业的股权结构中存在多个大股东，就会增加企业超额现金持有价值。

同时，非控股大股东之间可以通过对控股股东地位的竞争来降低单个大股东控股所带来的企业内、外部信息不对称程度，进而降低企业的股价崩盘风险，增加企业的股利发放，加强对管理层的监督和威慑力，降低超额薪酬与在职消费，提升企业盈余信息含量和对风险的接纳程度。

另外，还有学者发现了非控股大股东对企业治理的负面效应，主要包括由于制衡过度导致的企业股东争夺控制权的问题等。当大股东间持股比例较为接近时，可能会对企业产生截然不同的治理结果，从正面来看，大股东之间会产生头脑风暴，相互协作从而提高管理水平，提升治理效果，促进企业的发展。从负面来看，持股比例接近可能导致出现意见不一致而进行频繁讨价还价的情况，以致阻碍企业及时制定较优的战略，企业绩效也会因为决策错过了最佳时机而受到负面影响。我国学者进行了相关问题的案例研究，为进一步深入探究股权结构制衡问题提供了有益的启示，朱红军和汪辉以民营企业宏智科技为对象，通过分析该案例的股权结构，发现大股东们为了牟取私利，会产生控制权争夺的情况，多个大股东也可能会联合为一致行动人，从而获得董事会的话语权，郝云宏等则通过纵向、横向对比分析，发现非控股大股东为了保障自身利益利用多种方式进行监督和治理，但并未带来企业效率的显著提升。

这种过度制衡不仅不会改善企业所面临的信息不对称和代理人问题，反而会降低企业运行效率，从长远来看会降低企业价值。国内一些学者也给出了支持股权制衡无效论的证据，甚至认为其会对企业产生负面影响，朱冰等认为大股东较多时会产生过度监督效应，对企业创新不利，创新作为一种风险较高的投资，大股东数量越多，创新方面达成一致意见就越难，控股股东持股比例越高，就越难以形成一致决策，最终不利于企业创新。

此外，还有部分学者也捕捉到了非控股大股东与企业合谋的证据，形成团体谋求更大的利益，联合侵害其他利益相关者。控股股东与非控股大股东在某些利益诉求方面是一致的，相比于企业仅存在单个大股东，当企业存在多个大股东时，他们合谋以攫取企业利益的动机更强，能力更大，对企业发展的阻碍也更严重。还有学者考虑了非控股大股东的异质性，针对其中的机构投资者进行了深入研究，发现机构投资者大股东会利用信息和资源优势与其他利益相关者进行合谋，如表决股改对价方案时与非流通股股东合谋，高管变更时与高管合谋。

股权制衡是企业股权结构的一种状态，强调其他股东对第一大股东形成制衡，从而产生一系列影响，非控股大股东是股权制衡的主体之一，股权制衡理论认为其他大股东的存在即会对第一大股东的控制权私利行为产生影响。然而，在现实情况中，控股股东的关系股东在我国企业中普遍存在，股东关系会对股权制衡产生重要影响，是导致股权制衡失效、引起控制权争夺等负面后果的重要原因。上市企业里的大股东由于主体、目标等存在差异，会选择不同的方式表达自己的诉求，如直接参与、直接退出等，非控股大股东退出博弈是大股东可选择的一种治理方式，其主体是非控股大股东，其中以机构投资者居多，不仅探究了非控股大股东之间可能存在的竞争性，同时考虑了一致行动人，而且突出了股票流动性的影响，这是其与股权制衡相关研究的不同之处。

#### 2.1.2.2　非控股大股东退出博弈的经济后果

芝加哥学派奉行“股东积极主义”，指出了大股东的重要作用，市场的稳定发展和企业治理水平的提升需要其积极参与其中。以往关于大股东企业治理作用的相关研究，主要集中于大股东的主动治理方式，即大股东通过提交议案、协商谈判、提议更换管理层等方式参与企业治理。近年来，由于股权制度的改革和发展，股东的多种治理方式逐渐受到关注，其中，与心理学领域相结合的退出博弈这一方式，成为新兴的研究热点。退出博弈理论指出，企业内部大股东的退出博弈具有企业治理的作用，因为其作为企业的内部人，具有相对信息优势，其退出企业往往被市场认为传递了企业内部的相关信号，利益相关者会对企业治理和内部风险产生质疑，从而影响企业股价和资本成本，对控股股东和管理层利益产生博弈，对企业价值和发展不利，退出博弈由此对企业治理产生影响。

目前，现有关于退出博弈影响的研究中还考虑到大股东的异质性。大股东之间由于持股、身份等方面的差异，持股目标也不尽相同，控股大股东与非控股大股东由于身份的差异，其目标、管理方式等会有不同。非控股大股东作为一种特殊的大股东，其参与企业治理的动机和能力更强，因为其专业性更高，同时持股相对较多，其退出博弈会对企业治理产生重要的影响。

关于非控股大股东退出博弈的经济后果，现有研究的结论主要分为其正面治理效应及负面效应，其中，多数学者的研究结论支持大股东退出博弈具有积极的治理效应。

国外学者对于退出博弈的研究主要以大股东退出为基础，认为大股东实质退出所造成的影响是其退出博弈有效性的前提，为退出博弈发挥作用奠定了基础。同时，前期研究基本均以大股东为对象，并未对大股东的身份、类别等进行详细划分。

首先，大股东退出对企业内部治理产生了显著的作用，例如，帕里诺等研究发现，大股东退出会导致企业高管被强制更换，而戈帕兰从企业并购的角度出发，研究发现了大股东退出与企业并购间的显著正相关关系，这些结果说明大股东退出能够对企业内部产生显著影响，为退出博弈的作用提供了直接的经验证据。从信号传递理论来看，在信息不对称的环境中，大股东被视为较为了解企业真实信息的内部人，其退出行为会引起市场的关注和解读，很可能被认为表现出企业的负面信息，这会对企业股价造成严重影响，而上市企业内的管理层、控股股东等非常关注股价对其利益的影响，退出博弈由此成为一种博弈的手段，产生了影响企业治理的作用。麦卡赫里等以全球118家机构投资者作为研究对象进行调查，研究发现，当这些投资者对企业表现存在异议时，近八成投资者对于治理方式的选择是退出策略。

基于此，国外学者们针对大股东退出博弈的作用进行了探究，帕尔米特研究认为，由于大股东持有企业股份，能够利用出售股份使股价降低的后果对管理层实施博弈，从而能够对管理层的相关决策产生影响，阿德马蒂和菲德莱也提出了相似的结论，认为大股东退出博弈确实能够对企业决策产生显著的影响。同时，他们以管理层为研究对象，发现大股东退出博弈影响企业决策的主要方式是对管理层的机会主义行为产生了限制，埃德蒙斯等剖析了大股东退出博弈抑制管理者私利行为的原因，认为管理层往往存在持股较多的情况，而从信号传递理论来看，对于非知情的外部市场来说，大股东的退出行为就是一种信号，其被认为反映了上市企业的负面信息，这会对企业股价产生不利影响，减少了管理层的利益，从而对其产生约束作用。以往研究多数以管理层的机会主义私利行为作为主要研究对象，而霍普等则考虑了控股股东的行为，发现大股东退出博弈同样能对控股股东的行为产生显著影响，对其产生了有效的约束作用。巴拉特等以金融危机这一外生冲击事件作为准自然实验，以企业价值为研究对象，发现了大股东退出博弈具有正面的价值效应，窦等认为大股东作为知情的投资者，对管理者的信息披露能够产生重要影响，大股东退出博弈能够提升财务报告质量。国外对于大股东退出博弈的一系列理论分析和实证结果表明，其退出博弈作为一种治理方式能够对内部企业治理发挥显著的影响，对治理影响和具体决策进行了初步探索，为进一步完善大股东退出博弈的研究框架提供了思路和启示。程敏英等以非控股大股东为研究对象，发现其退出博弈在进行有效治理的同时，非控股大股东能够利用信息优势，将退出博弈作为获取超额收益的途径。

虽然国外分散的股权结构与中国的情境不尽相同，但在我国这一新兴市场中，普遍存在着股东与经理人的利益冲突，即第一类代理问题，同时，我国作为新兴资本市场国家，股权结构改革仍在发展过程中，一股独大的现象相较于股权较为分散的发达国家来说仍然明显，股东之间的第二类代理问题同样比比皆是。

非控股大股东退出博弈能够对代理问题产生显著的影响。首先，从非控股大股东的专业性和持股比例来看，相对于小股东而言，其与企业存在着更为紧密的利益关系，非控股大股东对于企业经营状况和盈利水平有着一定诉求，以维护自身的获利需要，因此，从企业与个人的利益关系以及维护自身利益的角度出发，非控股大股东对于企业的监督具有积极性。其次，从退出博弈的影响来看，这是非控股大股东直接参与治理无效又不倾向于退出而选择的博弈方式。退出博弈之所以能够产生影响，是非控股大股东较高持股比例实际退出所造成的严重后果造成的。根据我国证监会的相关要求，持股达到相应比例要求的大股东，其退出企业时要对外发布公告，外部市场与企业内部存在信息不对称，而非控股大股东作为外部市场眼中的“内部人”，其退出行为会使外部市场认为企业内部产生了严重问题，引起资本市场抛售股票的情况，引起企业股价下跌，甚至导致做空股票、股价崩盘的结果，因此退出能够产生博弈。最后，对于企业的控股股东和管理层来说，控股股东作为企业决策权的主要掌控者，为了获得个人私利，会利用非经营性资金占用、关联交易方式进行利益侵占，掏空企业资金，管理层则是企业日常经营的主要决策者，有动机利用信息优势隐藏负面消息，增加个人收益，这都损害了非控股大股东的利益。控股股东持股的集中性导致其具有难以分散的风险，股价下跌势必对其造成巨大损失，甚至造成失去控制权的危机，管理层在非控股大股东退出后，很可能被认为没有努力经营企业，导致其被强制变更的概率增加，对其个人收益、职位以及声誉会造成严重的负面影响。因此，对非控股大股东退出博弈时，控股股东和管理层面会权衡其机会主义私利行为的收益与非控股大股东退出可能造成的损失。

国内学者对非控股大股东退出博弈的相关研究相对较晚，这主要是受制于我国证券市场的发展进程。蓝美静以美国和我国的商业银行为例，以国外外部大股东退出博弈治理效应的实证研究为基础，比较了两国商业银行中大股东退出博弈的差异，同时指出了股票流动性可能的作用。股票流动性随着股权分置改革得到了巨大提升，这为非控股大股东的相关研究提供了良好的环境，关于退出博弈的相关研究也在我国逐步增加。姜付秀等就以股权分置改革为契机，研究上市企业在改革之后大股东退出博弈发挥的效应，以这一事件衡量退出博弈，发现其对控股股东私利行为具有显著的抑制作用，证实了股权分置改革和股票流动性对企业内部治理产生的影响。陈克兢借鉴结合股票流动性与持股比例的衡量方式，为非控股大股东退出博弈相关研究提供了证据，发现其能够降低企业盈余管理水平，对代理成本产生抑制作用，后续学者的研究也采用相似的方式对退出博弈进行衡量。

同时，一些学者发现非控股大股东退出博弈能够显著抑制企业的负面行为，如抑制企业的不分红行为和避税行为，提高会计信息可比性，使企业的违规行为显著降低。同时，对于控股股东股权质押导致的自利捐赠行为，也具有明显的治理作用，说明非控股大股东退出博弈对于企业的负面行为具有改善作用。

还有学者探讨了非控股大股东退出博弈对企业内部治理现状的影响，从高管角度来看，非控股大股东退出博弈能够显著影响高管薪酬，提升薪酬契约有效性，降低薪酬黏性，从企业交易来看，非控股大股东退出博弈通过改善管理者的短视行为，显著提升了企业交易质量，提高了出口的产品质量和企业并购绩效，对企业日常经营具有积极意义。从企业投资来看，非控股大股东的退出博弈通过缓解融资约束和代理问题、提升信息质量，从而使企业创新投资增加，余怒涛等对于退出博弈的衡量方式有所不同，以融资融券这一事件作为非控股大股东退出博弈的替代变量，发现其对于企业投资效率具有显著的提升作用，且这一影响是通过对管理层的有效治理实现的。康艳玲、陈克兢等对于退出博弈的计算方法，同样以投资效率为研究对象发现了类似的结论。少部分学者以外部审计为视角，探究了非控股大股东退出博弈的影响，张月玲和唐正探究了退出博弈的诱因，发现年报监管问询对非控股大股东退出博弈具有显著影响，通过增加退出博弈，从而使审计费用提高。

进一步地，在相关研究中对非控股大股东进行更详细的分类，如依据不同的持股主体分为外资大股东、机构投资者大股东等，依据持股时限分为短期投机型大股东、长期战略型大股东，依据产权性质分为国有大股东、非国有大股东等。林川则考虑了非控股大股东中的外资股东，认为其退出博弈具有积极的监督动力，能够对上市企业产生良好的治理效应，有效抑制了股价崩盘风险。还有学者以机构投资者为研究对象，将机构投资者又进行了更为详细的划分，细致地考虑机构投资者退出博弈的影响，其中，稳定型和抗压型相对于不稳定型和敏感型机构投资者退出博弈来说，具有显著的治理效应，有效抑制了企业的过度投资和盈余管理水平。从信息质量来看，国有以及自然人大股东退出博弈提高了财务报告质量，而非国有和机构投资者退出博弈则没有产生显著影响。

国内外关于退出博弈的非积极影响均相对较少，国外的研究发现，对于企业治理来说，在股权分散的环境中，大股东的退出博弈对其没有产生显著的影响，甚至对企业价值产生负面影响，埃德蒙斯等则从过度博弈带来的压力角度考虑，虽然诸多研究证实了大股东退出博弈对管理层私利行为的治理效应，但从另一方面考虑，非控股大股东退出博弈会使管理层过于担忧，因为其一旦退出，将给管理层的收入和声誉造成较大的负面影响。同时，企业业绩在短期内可能无法因为管理层的努力工作而得到改善，为了避免大股东退出，维护自身利益，管理层可能会采取更加短视的行为，利用一切手段使企业短期业绩得到提高，这忽略了企业的长期发展目标，不利于企业的长远发展。

在国内非控股大股东退出博弈的相关研究中，许泱等认为，非控股大股东注重短期收益，退出博弈仅为其获利的工具，其退出博弈加剧了企业的金融化程度，对企业长期发展产生了负面影响，曹志鹏和高师师从外部审计质量的角度切入，研究发现非控股大股东退出博弈对审计质量产生了负面影响。非控股大股东退出博弈显著增加了审计师的审计收费和出具非标准无保留意见的概率，其主要通过增加审计投入从而提高审计费用，由于加剧企业经营风险而增加审计师出具非标意见的概率。

## 2.2　企业投资决策的影响因素

投资能够对经济增长产生推动作用，是经济发展的重要力量，投资变动对宏观经济运行具有重要影响，投资决策是三大财务决策之一，是企业盈利能力、经营情况以及持续发展的重要决定因素，对于企业来说至关重要，能够为企业不断发展壮大提供动力，为企业累积现金流提供基础，为资本市场的评价关注提供条件。同时，企业投资也与整体宏观经济息息相关，是影响经济增长速度和增长质量的关键要素，会对经济高质量发展产生潜移默化的深远影响。企业实业投资、金融投资和创新投资是企业投资决策的具体表现，而企业投资效率是企业投资决策的经济结果，下面将对实业投资、金融投资两方面的影响因素进行综述。

学者们对企业投资决策的影响因素从企业内、外两个角度进行了较为充分的研究，其中，内部影响因素方面，以企业内部治理为基础，因为内部治理要素是企业得以长远发展和进行投资决策的关键要素，随后延伸到内部信息质量、投资资金问题、投资决策人相关特征方面，内部信息质量影响着投资相关信息的内部传递和外部监督，投资资金问题关乎投资的动机和能力，投资决策人的相关特征影响其在面临投资决策时的心态和判断力。而外部影响因素方面，外部政策的出台或改革以及环境的多变性是影响企业投资决策的重要因素，后续相关文献综述内容基本依据此逻辑进行梳理。

## 2.2.1 实业投资的影响因素

企业实业投资受到众多因素的影响，国内外学者从多维度对实业投资的影响因素进行研究，实业投资量能够在一定程度上表现出企业当前的投资状况和发展水平，但仅考虑企业中实业投资量的变化是不完善的，因此，不少企业实业投资的相关研究都与投资效率相结合。下面主要从企业内部影响因素以及外部影响因素对实业投资的相关研究进行综述。

### 2.2.1.1 内部影响因素

代理问题是影响企业实业投资的重要因素。高管在上市企业的日常经营管理和投资决策中发挥着重要作用，股东也有自己不同的目标，吴应军以家族企业为研究对象，当企业董事长为非家族成员时，其为了表现自己的忠诚度，会在投资上更加保守，选择相对较低的实业投资，以免造成过度投资；刘柏和琚涛以管理者代理为视角，研究发现其理性或非理性的选择均会使企业实业投资水平增加，因为在其理性选择时，会产生代理问题，而非理性的选择又使其过度自信；赵天骄等在考虑代理关系及利益相关者的情况下，企业社会责任与实业投资水平正相关，因为社会责任的承担不仅提升了管理层的投资意愿，而且外部投资者的认可使企业实业投资能力得到提高。

企业资金与信息方面，在资本市场是完善的，市场中不存在信息不对称的情况下，企业投资不会受到企业资本状况的影响，而在现实中，交易市场的非完备性导致信息不对称，使不同融资类型产生成本差异。根据优序融资理论，企业在进行股权融资时，新股东往往处于信息劣势，在进行新的投资时会遭到原有股东的利益侵占，此时，其为了维护自身利益会提高股权融资的报价，同时，上市企业的市场价值往往被外部投资者低估，这就损害了企业原有股东的利益。因此，企业融资应当遵循先内后外的顺序，以最大限度地节约成本。企业能够利用自有资金进行内源融资，当企业内部拥有较为充足的现金时，能够抓住更多的投资机会进行投资，投资方向也趋向多元化。而关于负债融资，有研究发现，在金融危机前企业大举借债，从而提升了当前的投资水平，但这也导致了一些负面后果，企业过度投资的情况较为严重，同时加剧了企业风险，会导致企业未来的投资能力不足，与此相似的是，我国学者也证实了企业负债与实业投资间的负相关关系，结合蒲文燕等提出的保持并提升实业投资水平的方式，即稳定较低的负债水平以增加财务柔性，这是因为从长期来说较高的负债水平对企业投资不利，高财务杠杆会加剧企业风险，限制企业投资，虽然利用负债进行融资能够在短期内为投资提供资金，但考虑到企业长远投资发展，较低的杠杆水平更为有利。

高管特征方面，由高层梯队理论可知，管理者受限于内外环境的复杂性，以及个人的认知水平等，会由此影响企业的投资行为。高管的性格、年龄、教育、职业经历等特征会对企业的实业投资产生影响。从高管性格来看，管理者的自信度是学者们集中研究的对象，当管理者过度自信时，会对投资决策产生过于乐观的判断，认为自己能够解决可能面临的问题，导致实业投资水平提高。我国的研究也提出了相似的观点，认为投资者过度自信与企业实业投资正相关，但最终对企业投资的影响没有产生价值效应，这是因为出现了过度投资的情况，因而对企业未来业绩产生负面影响。李传英等研究发现管理者自信与实业投资间的非线性关系，随着管理者自信程度的提升，实业投资水平先上升后下降。从高管年龄方面来看，年龄往往在一定程度上代表着高管的管理经验和阅历，罗爽爽通过实证研究证明了这一点，发现年龄较大的高管在企业投资决策方面更有优势，能够更全面地对企业的整体目标进行判断，从而决定较为合理的实业投资水平。从高管职业经历与学历来看，胡聪慧和刘玉珍证明了CEO的职业经历对企业实业投资的影响，当CEO拥有更多的职业经历时，一方面，说明其在投资方面的经验更加丰富；另一方面，职业经历给企业带来了更多的资源，如外部资金、社会关系等，这在一定程度上缓解了企业在投资过程中的融资约束和信息不对称问题，从而提升企业的实业投资，在投资决策中表现出较低的投资现金流敏感性。具备财务经历的CEO，在高成长性企业中反而会错失诸多投资机会，导致实业投资下降。高管的教育背景也是影响实业投资的重要因素，当其受教育程度更高时，会更加关注企业的长远发展，重视实业投资，然而，也有学者认为高学历对于企业实业投资有消极影响，因为高管的学历水平增加了其严谨性，对于企业的现金情况非常重视，对于实业投资保持较为谨慎的态度。

#### 2.2.1.2　外部影响因素

企业外部因素会引起上市企业实业投资的显著变动。股票市场价格是影响实业投资的要素，还有学者基于行业层面的产品市场竞争进行了研究。阿克多古和麦凯研究发现，市场竞争能够引起企业投资的反应，企业进行实业投资时一方面会考虑投资对企业的作用和价值，另一方面则会考虑市场中其他竞争者的行为，在此情况下进行对企业最有利的投资，地方官员更替也是引起企业实业投资变动的原因，因为地方官员更替使要素资源配置发生了改变，从而导致企业降低实业投资，税率的锚定效应也会导致实业投资下降，此外，李倩证明了积极的媒体报道使投资者情绪高涨，从而提升了企业的实业投资。

现有政策的变动与新政策的出台也会对企业实业投资产生影响。已有研究从具体的政策视角，探究这些政策是否能够激发企业投资活力，或是抑制了企业的投资水平。证券市场中的相关政策对企业实业投资具有很大影响，耿中元和于玉环证实了货币政策工具对高科技类企业实业投资的显著影响，发现了存款准备金、公开市场业务、利率均显著降低了企业实业投资，而且三者的影响力度是递减的。彭章探究了融资融券制度的影响，证明了这一制度能够降低管理者的实业投资，靳庆鲁等则通过研究发现，放松卖空管制后，当企业未遇到较好的投资机会时，会选择降低实业投资，顾乃康和周艳利也提出了相似的观点，认为卖空机制能够通过发挥治理效应、减少融资成本，增加证券市场的积极反馈，从而达到对实业投资的优化作用。以上研究证实了相关政策对实业投资的影响力，相关部门能够运用这些政策工具来影响企业的实业投资。此外，随着经济全球化和企业上下游的延展，其他类型的政策也是企业实业投资时所要考虑的重要因素，如进口关税下降导致企业需要考虑其在整个供应链中的上下游关系，不同的供应链地位会导致企业选择差异化的实业投资水平。"一带一路"倡议是我国发展合作中的重要倡议，具有重要的政策意义，陈胜蓝和刘晓玲通过实证研究发现，这一倡议对企业实业投资产生了积极作用，尤其对于处在重点影响地区的上市企业来说，显著提升了实业投资，在响应政策实施的同时抓住发展机遇促进本企业的发展，而研发补贴同样提升了固定资产投资水平。同时，随着"绿水青山就是金山银山"得到广泛的重视，环境政策也逐渐产生了影响，谭显春等以可再生能源企业为样本，发现环境规制与企业实业投资间并非简单的线性关系，二者呈现倒U形关系，这对通过环境政策改善企业实业投资，使其更加合理具有重要的启示。

外部经济环境的迅速变化会使企业考虑改变实业投资，从而在面临经济政策不确定的情况下，稳定自身的发展，在许多研究中，使用经济政策不确定性指数来衡量外部环境的变动程度。极少数研究发现企业在经济政策变动的情况下会提升实业投资的证据，因为在此情况下，企业可能会遇到新的投资机会，多数学者认为经济政策的不确定性对企业实业投资产生了负面影响，多变的外部环境会增强企业决策者在投资中的谨慎性，管理者基于预防回避风险的动机，会避免在当期投资，从而导致企业实业投资水平降低，由于企业实业投资具有一定程度不可逆性，当这种不可逆的程度越高时，实业投资水平的下降程度越明显，同时，这种外部变动还加剧了融资约束，这也是导致企业实业投资下降的重要因素。

### 2.2.2 金融投资的影响因素

以交易性或衍生股票、债券、期权等金融性资产为主要内容的金融投资，具有流动性强、资金转换较快、风险性相对较高的特点。金融投资的目的主要存在蓄水池和投资替代理论这两种解释，一是以预防风险储蓄资金为主要动机，二是以增加金融投资获得更高的利润为动机。仅从内容方面无法评价二者的优劣，需要从二者投资后所形成的投资结构方面入手，考虑对不同动机所产生的影响。由于企业资金的有限性，需要对企业投资结构进行权衡，随着全球金融市场的发展以及金融投资收益迅速的特点，我国企业普遍出现了金融化的现象，而且存在愈演愈烈的趋势，这对企业长远发展以及我国整体经济稳定不利。如何利用有限资金优化企业投资结构，合理进行金融投资，是企业高质量发展过程中需要关注的重要问题。

#### 2.2.2.1　内部因素影响

企业治理与决策方面，王瑶和黄贤环实证研究发现内部控制质量的提高能够抑制实体企业金融化行为，廉永辉和褚冬晓从企业的负债决策出发，认为过度负债的存在给企业带来了较大的短期资金压力，而这会诱发企业进行更多的金融投资。此外，企业社会责任也是学者们研究的重点，有学者认为企业社会责任的履行，表明了企业良好发展的信号，能够给予债权人信心，能够在一定程度上缓解融资约束，从而使企业金融化水平降低。还有其他学者发现了相反的结论，孟庆斌和侯粲然认为履行社会责任提升了上市企业的声誉，这使上市企业更多地投资于金融方面，以获得短期收益，顾雷雷等也得到了相似的结论。企业债务违约事件使企业投资资金发生变动，会增加金融投资，薪酬差距也是影响企业投资结构的重要因素，与金融投资为U形关系，不当的薪酬差距会导致企业进行过度金融投资。

企业资金方面，融资约束被认为是影响企业金融投资的重要因素，受到学者们的广泛研究。从金融投资的动机来看，一方面，金融投资的资金投资回报较高的特性，使得诸多非金融企业选择金融投资。而为了获得更多收益产生金融套利动机，会导致企业将更多的资金投入金融领域，这在很大程度上挤占了实业投资的资金。有学者通过国外相关数据研究发现，实业投资与金融投资是显著的负相关关系，我国研究也得出了相似的结论，同时，我国金融资产比重的显著增加对上市企业的利润产生了不利影响。此外，于连超等研究发现主业亏损的企业资源不足，会导致企业金融化倾向严重，金融错配也是企业金融投资提升的重要原因。另一方面，金融投资的资金周期较短，流动性相对较强，企业进行金融投资是为了预防未来的不确定性，利用金融投资获得的流动资金，满足企业运营或其他投资的需要。资本的逐利性导致实业企业通过金融投资以获得更多的资金，从而发挥“蓄水池”作用，为企业积蓄资金，这在一定程度上会对企业价值产生积极影响，当企业面临财务困境时，金融资产能够在此时发挥重要作用，尤其是在金融资产价格上升的阶段，不仅能够使实业投资的规模有所增加，而且能够提高财务报表的业绩，例如，一些跨国企业在全球化发展的进程中，尽管销售增长率有所下降，导致主营业务收入不足，但通过金融资产投资增加，使平均资产收益率得到了提升。

高管特征方面，高管学历工作背景和成长发展经历也是影响企业金融资产配置的重要因素。李文贵和邵毅平认为创始人管理有助于抑制企业的金融化投资水平，而具有学术背景和海外背景的高管往往能够提高企业内部控制质量，从而抑制企业的金融化。高管的金融背景也是学者们关注的内容，现有研究主要认为高管的金融背景通过提升高管的自信程度加剧了企业金融化，同时，当管理者经历过金融危机或有从军经历时，也会产生类似的投资倾向，这主要是由于管理者的自信和获利动机。

#### 2.2.2.2 外部因素影响

宏观环境发展与政策变动会影响企业金融投资，如国家信贷约束、利率水平、金融监管水平和政府补贴等，企业金融投资往往会受到宏观环境发展与政策变动的显著影响。

从宏观政策变动来看，货币政策直接影响了企业投资资金，宽松货币政策能够优化企业的信贷结构、改善企业投资行为，抑制企业金融投资。张成思等则使用利率衍生品价格这一与以往研究不同的指标对货币政策进行衡量，发现了货币政策对企业投资在时效不同情况下的异质性影响，在短期内，货币政策与金融投资是正相关关系，而从中长期来看，货币政策抑制了金融资产投资。安磊等则以贷款利率下限放开这一政策为研究对象，发现这一政策增加了企业资金的便利性，但导致金融化水平上升，财政政策也会导致金融投资比重增加，沪深港通制度对金融投资产生了抑制作用，显著改善了企业的投资结构，折旧政策产生了类似的效果，抑制了企业脱实向虚的倾向，申慧慧和于鹏也对地税法折旧政策进行了研究，但并未发现其与金融投资之间的显著关系，曾林等发现放松卖空管制使企业的金融投资水平提高，这一变动对企业的长期业绩发展产生了负面影响。在国家大力推行数字战略的背景下，企业金融投资也受到了相关影响，盛明泉等研究证明了数字普惠金融对企业投资结构的积极意义，优化了以往金融领域的错配问题，使企业财务费用显著下降，降低了金融化程度，对“脱实向虚”存在抑制作用，而蒋鹏程和江红莉则提出了相反的观点，认为由于数字金融能够在一定程度上缓解融资约束，从而加剧了金融化问题，对企业业绩等诸多方面产生不利影响。企业经济变革使企业纷纷进行数字化转型，这对于增强企业管理能力、优化市场布局具有积极意义，能够缓解企业脱实向虚的趋势，提高企业核心竞争力。

从宏观环境发展来看，人力资源、房地产等价格变动就产生了显著影响，如最低工资标准使企业面临的劳动成本大幅增加，这在一定程度上导致金融化水平上升，房价上涨也会使企业的金融投资产生显著改变，因为房价上涨会吸引企业在房地产领域进行投资，加剧了企业金融化。何运信和陈飞从银行业竞争的角度进行研究，发现银行业竞争能够通过降低债务成本、缩小利润率，对企业脱实向虚产生抑制作用。学者们还利用环境不确定性指数探究了环境不确定性对企业投资结构的影响，有研究认为环境不确定性会增加企业风险，在此情况下，企业会选择减少对金融资产的投资，而刘贯春等提出了相反的观点，发现企业在不确定的环境中会增加流动资金的需求，会增加金融投资以迅速获得资金。而舒鑫和于博基于面板门槛回归，发现了不确定性与金融投资的非线性关系，当上市企业面临的环境不确定性过高时，会倾向于进行更多的金融投资，以保证资金的快速流动性。

## 2.3　大股东对企业投资决策的影响

### 2.3.1　大股东对实业投资的影响

实业投资方面，王新红和李拴拴实证研究发现，控股股东股权质押会增加企业和其自身面临的风险，在此情况下，企业在投资方面会趋于保守，降低实业投资水平，且这一现象在非国企中更明显。有学者认为国有股比例与股权集中度越高时，实业投资水平越低，而徐光伟等则提出了相反的观点，指出股权集中度与固定资产投资水平的正相关关系；郝颖和李静明研究发现，地方国企固定资产投资的比例更高；柯艳蓉等研究发现控股股东股权质押与企业投资结构并非简单的线性关系，当质押比例发生由低到高的变动时，实业投资比例先增加后减少，二者呈倒U形关系。

### 2.3.2　大股东对金融投资的影响

金融投资方面，已有证据表明，企业内部股东行为与股权结构会对投资结构产生重要影响。柯艳蓉等研究发现控股股东股权质押与企业金融投资呈U形关系，随着股权质押比例的增加，金融投资比例先减少后增加，二者呈U形关系，国家队持股则显著降低了企业金融投资水平。以往关于非控股大股东对企业金融投资的影响存在分歧，许泱等发现非控股大股东退出博弈加剧了实体企业“脱实向虚”，而余怒涛等则证实非控股大股东能够有效抑制企业基于套利动机进行的金融投资，且主要是通过退出博弈实现的。不难发现，上述研究不仅结论上存在分歧，而且欠缺对非控股大股东退出博弈影响企业金融投资的作用机制的深入讨论。

### 2.3.3　大股东对创新投资的影响

创新投资方面，股权结构能够显著影响创新投资，在上市企业股权较为集中的情况下，控股股东在投资方面会过于集中或单一，从而导致其选择风险较低的投资，创新投资会有所下降，而股权分散能够在一定程度上降低风险集中的程度，能够对创新投资产生积极作用，邓子梁等提出了相反的观点，认为当股权集中时，能够有效抑制企业的第一类代理问题，从而增强企业的稳定程度，在投资方面能够提供稳定的资源和环境，从而增加创新投资这类对企业长期发展有利的投资，还有学者发展一定的股权集中度能够对创新投资产生积极影响，过于集中反而会抑制创新投资，二者呈倒U形关系。对于国有持股的研究结论同样存在一定争议，国有持股能够使企业在资金、技术方面获得一定优势，有利于创新投资，而国有持股企业也需要完成很多的社会目标和社会责任，企业发展方向相对更加稳健，这就导致创新投资的降低。股东行为也是影响创新投资的关键要素，学者们普遍认为股权质押对创新投资产生了不利影响，因为股权质押这一行为会加剧控股股东的代理问题，从而抑制创新投资。当企业的控制层级越长、越复杂时，这种抑制效用越明显，企业中风险投资者的退出行为同样抑制了创新投资，对于家族企业来说，其创始人更加关注企业的创新投资情况，当其能够控制企业时会促进企业创新投资，而当家族企业的控制人并非创始人时，创新投资会相对较低。

## 2.4 文献述评

我国的股权结构及股东治理效率一直受到学者们的关注，也是企业治理框架中的重要问题。现有文献对股权结构、股东治理、股东特征、股权制衡等方面已进行了一定分析，但就现有文献来看，在具体的细节问题上，学界依旧存在争议。同时，综观上述国内外相关研究文献可知，上市企业建立合理制衡的股权结构依然是未来的重要方向。目前有关大股东治理的研究是国内外资本市场领域里的研究热点及重点问题，对于投资决策的影响因素及治理机制研究，为进一步充实企业投资决策框架打下了坚实的基础。通过梳理现有研究，在借鉴已有研究成果的基础上，从以下两个方面得到启示。

（1）关于退出博弈的影响效应存在争议，缺乏对退出博弈的系统性研究，对不同制度背景和不同股权主体的差异探讨还存在不完善之处。在对有关退出博弈理论及其研究进展的文献进行回顾后发现，国外最早关于退出博弈的研究基于芝加哥学派奉行的“股东积极主义”，明确了大股东对企业治理的影响，随后结合心理学的观点提出了其退出博弈这一治理方式。关于非控股大股东的企业治理作用，过往文献还未达成一致。企业内的大股东能够影响企业治理的效果，对企业进行监督，但大股东的主体、持股时间、持股比例等方面存在差异，使他们的目标也不尽相同，大股东中的控股股东与非控股股东由于身份的差异，其目标会有所不同，而我国的早期研究主要基于第二类委托代理问题，而后发展到在双重委托代理理论的基础上讨论股东退出博弈的作用。同时，退出博弈主要通过信号传递理论中的信号传递效应发挥作用。早期有关退出博弈的主体理论还存在不完善之处，但它们对后期退出博弈理论的发展起到了不可忽视的作用。

而在涉及退出博弈的实证研究方面，我国的学者主要研究了退出博弈对企业代理成本的影响，包括控股股东和管理层的私利行为、代理成本和盈余管理等，还有少数研究涉及退出博弈对企业分红、审计师变更和股价崩盘风险的影响。值得说明的是，虽然我国股权分置改革和市值管理制度的发展为退出博弈发挥作用提供了条件，但我国“不平衡、不充分”的发展现状也对退出博弈的作用造成了影响，我国目前围绕非控股大股东退出博弈的相关探讨还比较缺乏，且相对缺少系统性。另外，非控股大股东退出博弈的治理机制尚且不够明确，其影响的作用路径是这一研究主题中的重要内容，搭建了退出博弈影响企业治理的桥梁，这部分内容还未见进一步分析。关于退出博弈的衡量方式，目前主要借鉴国外研究的方式，但这是否适应我国的资本市场，是否还有其他更为合适的度量方式有待探讨。针对以上问题，本书将进一步考虑尝试性的检验。

（2）关于企业投资决策的研究框架还有待进一步拓展，鲜有研究将退出博弈与投资决策置于统一研究框架内进行全面系统的分析。在对有关投资决策理论及其进展的文献进行回顾后发现，现有关于投资决策理论的文献，多将研究重心倾向于委托代理理论，对于影响企业投资决策的因素，从企业治理的视角切入，同时，高层梯队理论也是研究重点之一，认为管理者的行为特征是重要的影响因素，而忽视了非控股大股东作为委托代理关系中的重要一环，其各种行为会对企业微观财务行为产生怎样的影响需要进一步考察。而现有关于投资决策实证研究的文献，基本上详细地从内外部两方面研究了投资决策的影响因素，虽然现有学者对企业投资决策的影响因素做了大量的工作，但随着我国市场经济的不断发展完善，如股权结构的进一步改革以及新“国九条”的完善，在综合考察投资决策时难免会存在一些不足，需要进一步对该研究框架进行补充。最后，对于非控股大股东退出博弈与企业投资决策，鲜有研究将二者置于统一研究框架内进行全面系统的分析，相关研究尚不完善，仍有待进一步进行探究，对于非控股大股东退出博弈与投资决策之间的关系，应在考虑二者直接影响的基础上，深入探索非控股大股东与退出博弈不同维度的差异化影响，一方面，更全面地反映我国股权改革后非控股大股东的现实情况；另一方面，可以拓展企业投资决策的研究思路。

# 第 3 章

# 理论基础与制度背景

# 3.1 基本概念界定

## 3.1.1 非控股大股东

非控股大股东属于大股东的范畴，各地区的相关制度存在一定差异，学者们在相关研究中对大股东定义方面也有一定不同之处。国外的相关研究对于大股东的界定主要有两种方法，当持股比例高于10%时，则认定其为大股东；还有一部分学者根据《美国证券交易法》中界定的相关内容，以持股5%作为分界线来对大股东进行定义。而在我国的研究中，目前主要有三种方式对大股东进行界定。第一，以2004年我国修订的《中华人民共和国企业法》作为重要依据，以10%的持股比例作为标准，大于该标准的则为大股东。第二，根据《中华人民共和国证券法》和《上市公司股东、董监高减持股份的若干规定》的相关内容，持股5%的股东对于企业内外部来说均能够产生重要影响，其持股比例对于企业外部资本市场具有信号传递的作用，同时会影响企业内部治理，因此我国相关法律规定，当持股者及其一致行动人的持股比例达到5%时，要以书面形式在规定时间内向证监会等部门进行报告，同时，在其减持或出售所有股份退出企业时，上市企业需要发布相关公告，因此，大部分学者以5%作为定义的标准。第三，我国上市企业被要求在企业年报中披露前十大股东，部分研究将前十大股东作为企业的大股东。

在本书中，非控股大股东的定义为持股超过5%。

## 3.1.2 非控股大股东退出博弈

博弈是社会心理学领域的重要内容，个体在谈判中能够通过博弈的方式达到最终的目标，博弈在不同主体博弈的过程中，对于最终各方达成共识能够产生有效作用。非控股大股东退出博弈实质上是处于直接参与和直接退出之间的一种治理参与方式，即由非控股大股东个体或其联合组成的团体，通过集体谈判、共同声明等威慑性手段与企业管理层或控股股东进行博弈，进而谋取表达利益诉求、监督企业决策、完善治理机制的目标。

非控股大股东退出博弈将心理学与企业治理的内容相结合，在近期受到学界的关注，是一个相对前沿的研究领域，国内外学者都针对该问题进行了一些有益探索。在理论方面，退出博弈的影响已经进行了相关证明，在实证研究中，退出博弈作为一种潜在的治理机制，已有一些实证证据证实了其效用，但其衡量方式仍然存在较大的难度和分歧。

在目前的实证研究中，退出博弈主要存在以下四种衡量方式。方式一，股权分置改革改变了股东所持股份的流动性水平，对于退出博弈来说，股票流动性对其会产生关键影响，因此学者们以股权分置改革作为退出博弈的代理变量，若上市企业完成相关改革则赋值为1，否则为0。方式二，将上市企业大股东的实际情况与股权分置改革的时间相结合，从而衡量退出博弈，股权分置改革以后的年份赋值为1，以前的年份为0，若在改革前上市企业就存在大股东则赋值为1，若不存在赋值为0，构建双重差分模型进行检验。方式三，我国的融资融券制度被认为对于企业股票流动性产生了显著的提高作用，能够增加退出博弈的影响，从而使用双重差分法在融资融券制度背景下，检验退出博弈的作用。方式四，退出博弈除了与股票流动性紧密相关，大股东之间的竞争关系也是影响退出博弈效应的重要因素，因为股东之间的代理问题也会显著影响企业治理，因此，退出博弈的衡量方式为大股东竞争程度与股票流动性的乘积。在随后的研究中，陈克兢借鉴并改善了该方式，以非控股大股东为核心，我国的相关研究大多借鉴该方式。

以上方式对于退出博弈的衡量是不完备的，对于以政策作为退出博弈代理变量的方式一和方式三，股权分置改革和融资融券制度虽然对股票流动性产生了显著影响，使大股东的退出更加便利，但在使用相关政策时，当上市企业均处于政策实施后的阶段，那么退出博弈在这些上市企业之间的差异就被忽略了，方式二实质是对方式一的补充完善，能够显著降低内生性问题，但对于退出博弈中股东变化与竞争影响的重要性关注不足，本书考虑到我国股权结构改革情况以及市场化的发展，采用方式四衡量非控股大股东退出博弈，即非控股大股东竞争程度与股票流动性相乘的结果。

### 3.1.3　企业投资决策

投资是企业价值逐步增长的首要途径，作为企业未来现金增长的主要来源，投资投入资金，是为了获取未来的经济收益而在当前进行资金投入的行为，企业可将资金投入到其认为可能会盈利的各个项目当中，由于资金的有限性，企业在投资过程中往往追求最优水平，但在现实的资本市场中，外部政策与环境不断变化，企业随之不断发展进步，投资也跟随变化，同时，高管特征、企业治理等诸多因素的差异也会对企业投资产生不同的影响，这导致最优投资水平无法完全实现，企业在不同内外部因素的影响下权衡对企业最有利的投资决策。

企业投资决策最终体现在企业的具体投资结构中，不同类型的投资构成了企业的投资结构。企业投资是企业长期经营发展不可或缺的必要行为，对于企业存在很多有利之处，如扩大企业规模、提高行业竞争力和风险承担水平、增加资金使用率、提升企业声誉和社会责任承担等。但资金的有限性以及投资的风险性导致企业无法将所有资金仅对某一类型进行投资，而是需要在考虑企业现实的情况下，在各类投资间进行权衡，以使企业获得更高的利益。对于企业投资结构的具体研究，能够对企业投资进行不断优化，降低企业风险，促进企业未来发展。

投资支出可以根据不同的分类标准分为诸多类型，从目前的研究来看，其内容大致分为以下几类：一是金融类投资支出。主要是指为购买各类金融资产、金融衍生品等的相关支出。二是实物类投资支出。实物类投资支出也有广义和狭义之分，广义的实物类支出就是除去金融类投资支出的所有支出，包括固定资产、流动资产的购置支出、研发投入的资金支出等。而目前学界广泛讨论的企业投资，则是狭义的投资，内容为生产性资本投资，企业投入资金，获得固定资产、长期资产的主要目标是为了企业当前主要业务的生产经营，以期在未来获得收益。这些投资是企业生产经营的必要投入，是影响企业经营绩效的重要部分，企业通过投资活动获取生产资料，并利用这些生产资料在未来创造价值。三是创新投资。企业以提高核心竞争力为目标，针对企业未来的发展方向进行创新研发投资。

投资量的多少能够从侧面显示企业的投资能力和发展情况，但对投资中“质”的衡量不够准确直接，这就需要结合投资效率进行判断，在完美的资本市场中，企业能够将资金投资于净现值为正的项目，这样的投资对企业是有利的，达到了投资的目标和效果。而现实情况下，企业期望与实际的投资之间存在一定差异，而投资效率就衡量了二者的差异程度，若二者差距较小或没有差距，此时投资效率是较高的，若出现了相反的情况，则表明投资是非效率的、低效的，在企业发展中，非效率投资对于企业未来发展会产生负面影响，企业无法利用投资获得应得的收益。非效率投资具体包括两种情况，分别是投资过度和投资不足。其中投资过度是指管理者为了扩大规模、侵占资源等，在投资时不考虑企业的实际情况而盲目扩大投资规模，而投资不足则是企业管理者由于各种原因在投资方面过于保守，从而导致企业放弃正的净现值项目。

这两种投资情况都是非效率投资的具体表现，对于企业发展来说，两种情况的发生都是不利的，无论是能为企业带来利润的项目没有投资，抑或是投资该项目无法使企业增加收益，这都对企业价值不利。从影响收益的角度来看，企业在同一时期内，可能同时存在这两种情况。而在现实投资过程中，若期望与实际投资差异来定义效率，那么或期望投资过高，或实际投资过高，同一时期的整体投资效率表现为投资过度或投资不足，二者在同一企业内无法同时存在，企业在实际进行投资时需要考虑诸多因素，非效率投资是普遍存在的，企业为了自身的盈利目标，往往关注众多投资项目整体的投资效率。

根据本书研究的内容，将企业投资决策分为投资结构和投资效率两个层面进行定义，其中，投资结构具体包括实业投资、金融投资和创新投资，具体定义如下。

实业投资，是指企业在实业领域进行的投资，多指生产性投资，即将投资资金用于购买相关设备等保障企业主要生产经营的投资。企业实业投资购买的资产是经营性的，具体包括企业在日常运营中需要的厂房、设备、企业商标等多项内容，是企业稳定发展的重要基石。

金融投资，是指企业在金融领域进行的投资。对金融及衍生性金融对象投入资金以提高资金流动性或增加利益的投资方式，具体包括股票、期权等，金融投资具有高资金流动性和高风险性的特点，我国金融投资过热引起了政府、学界等各方关注，已有研究认为金融投资对于企业发展存在不同的影响。

创新投资，是指企业在研发创新领域进行的投资，围绕企业的主业发展和未来发展方向，在技术、网络、服务、节能等方面投入资金进行深入研发，达到创新的目标，以提高企业优势和竞争力的投资。

企业投资效率，是指企业投资资金的使用效率，能够衡量企业当前的投资状况与最优投资程度的差距。本书的投资效率使用Richardson模型，对其进行OLS回归后以最终得到的残差来衡量，根据残差的大小能够将投资效率的情况进行具体分类，当其小于0时，此时表明企业为投资不足，其为反向指标，其值越小表明投资不足的情况越严重，为了方便计算与分析通常对其取绝对值；而当其大于0时，则表明投资过度的情况。

# 3.2　理论基础

## 3.2.1　股东积极主义理论

“股东积极主义”是指投资者通过购入持有股份成为上市企业的股东，并主动参与到企业内部运营、决策、监督等活动中，最终促进企业各方面的健康发展。其最早出现于20世纪70年代，在美国养老基金中首先出现了这种情况，开始作为上市企业的股东行使权利，随后，其他机构投资者发现这种方式不仅能够增加收益，而且能够拓展机构主体的影响力，因此如保险基金、证券投资基金等诸多机构投资者，开始主动投资持股上市企业，通过参与监督与管理，将基金的相关经营管理经验带入企业，从而提升上市企业的治理水平和企业价值。机构投资者的经济实力、信息挖掘能力和专业水平是其最早作为股东积极主义主体的重要原因，参与企业治理不仅能够促进上市企业的发展，对机构投资者自身的发展也会产生积极作用。

股东积极主义可以理解为，作为企业股东有参与企业治理的权利，其以积极的态度充分行使股东的权利，参与企业发展和日常决策，监督企业运营和管理层行为，在行使自身权利的同时促进企业的发展。而股东积极参与通常需要多方面的条件，如外部友好的宏观环境和企业内部良好的条件，在投资者保护不足或企业一股独大的情况下，控股股东对企业具有绝对控制权，这就影响了其他股东的积极性，因为无法在企业内部问题中获得话语权，而不同股东主体参与治理的积极性也存在较大差异，这也是影响其积极参与的重要要素，股东依据持股主体差异可分为机构投资者、自然人、外资、长期战略型股东、短期投机型股东等多种不同主体，其规模大小、持股动机、专业能力、风险承担等各方面存在较大差异，使这些主体作为股东时以不同的态度和方式行使权利。然而，当其利益受到企业决策的影响时，势必会利用各种方式对企业决策进行监督或干预，以维护自身的利益。

随着我国资本市场的完善发展和上市企业股权结构的改革优化，非控股大股东的重要性不断增强，在企业内部的话语权逐渐增大，这会增强其主动参与企业治理活动的积极性，不仅可以使非控股大股东参与企业经营管理活动的意愿得以实现，而且也可以利用非控股大股东自身的专业能力使企业在经营模式和经营理念方面加速转型升级，从而促进企业治理机制改善，使所在企业的业绩得到进一步提高。股东积极主义理论是在理性经济人假设的基础上提出的，即股东关心企业的当前利益和长远发展，当其积极地参与企业治理时，会对企业发展产生积极影响。在此情况下，股东的积极性就产生了重要影响，当股东对于企业的发展漠不关心时，其就不会主动采取行动了解或影响企业治理，无法积极推动企业发展，当股东主动关心并积极参与到企业发展的过程中，其能够发挥主观能动性，利用多种方式参与企业治理，从而不断完善企业治理水平。此外，由于股东身份存在异质性，这也会对股东的积极性产生重要影响，非控股大股东身为大股东，其有更强的动机和能力以多种方式干预企业决策。

### 3.2.2 退出博弈理论

退出博弈属于心理学中博弈的范畴，是指主体利用退出造成的严重后果进行博弈，从而达到引起对方重视、增加谈判筹码、达到影响目标的博弈方式。退出博弈的主体大多为合作伙伴之间，如上市企业的大股东，因为退出博弈能够产生“博弈”的重要前提在于，“退出”是退出博弈主体的重要筹码，即其退出是非常重要的，能够产生足够影响整体利益的严重后果，此时退出博弈才能够引起重视。退出博弈理论认为，大股东能够利用退出博弈影响企业治理，大股东有多种参与企业治理的方式，但直接参与的方式容易被忽视，同时，投票权并不是完备的，内部权力斗争极易使投票权无法发挥应有的作用，导致管理监督失效，此时退出博弈成为一种可使用的方式。

退出博弈的可置信性是其能否有效发挥作用的重要影响因素，资本市场各项政策的完善和发展使股票流动性大幅增加，大股东能够较为便利地出售股票、退出企业，这为退出博弈发挥作用提供了良好的外部环境，大股东利用可置信的退出博弈，以减少企业内部主体利益的威慑效应，抑制其机会主义私利行为。而退出博弈强度是其能够发挥多少作用的关键要素，而这是由管理层的薪酬股价敏感性决定的，即企业决策者受退出行为的影响程度决定了退出博弈的强度。当大股东退出企业，这一信息会受到负面解读，这会对企业股价产生负面影响，甚至会使投资者竞相做空股票，导致股价崩盘，对于持股较多的控股股东来说，其个人财富会大幅减少，因此，控股股东势必会在意上市企业的股价，而对于企业管理层来说，若其薪酬对股价的敏感性较低，即使其努力工作也无法获得股票增长的额外收益，那么此时退出博弈的强度就相对较弱，无法对其发挥治理效应，现实情况是，上市企业为了激励管理层，除薪酬激励，还会利用股权激励，同时，将其薪酬与股价相关联，这就使管理层的利益与企业利益挂钩，其薪酬对股价的敏感性较高，这也决定了退出博弈的强度更高。

目前的企业内外部环境为退出博弈发挥作用提供了较为良好的条件。从企业内部来看，股权结构不断优化，一股独大的情况逐渐缓解，非控股大股东能够与控股股东形成制衡。从企业外部来看，一方面，对投资者的法律保护逐步健全，股东能够利用多种方式积极参与企业治理；另一方面，资本市场的一系列改革使股票市场不断发展，股票流动便利性的提升使其流动性不断增强，不仅增加了股东退出企业的便利性，而且提高了退出博弈的可置信性。对于非控股大股东来说，首先，相对于控股股东，其持股比例使其能够相对便利地退出企业，其退出博弈更加可置信；其次，相对于其他外部利益相关者或中小股东，非控股大股东能够更方便地获得、更了解上市企业的内部信息，以此对企业情况进行监督，当其利益受损时，能够使用退出博弈反制；最后，其持股比例相较中小股东更高，其退出会对上市企业造成更严重的后果，因此其退出博弈具有更大的威慑力。

## 3.3 制度背景

### 3.3.1 股权分置改革

在我国的市场化发展进程中，股权分置改革作为一项重要的改革，发挥了巨大作用。股权分置是以往我国内地 A 股市场中存在的现象，上市企业的股份分为两类，一类能够在证券市场流通交易，另一类是非流通的，如国有股等。股权分置改革就是针对我国这一特殊情况进行，以完善资本市场建设，将以往不能在市场中流通股份的限制解除，将其在市场中进行流通，如此以往非流通股份经过改革就变成了流通股份，最终实现同股同权。

随着资本市场的不断完善发展，我国在20世纪末对股权分置的相关问题进行了初步探索，相关管理部门也意识到改革对企业可持续发展的重要性，我国股权分置改革的具体进程如表3-1所示。具体分为四个阶段，初步探索阶段，一些改革和办法都没有达到预期的效果，但为后续正式改革积累了宝贵的经验；试点改革阶段，发现试点上市企业在改革后的发展更具活力，为改革发展奠定了基础；全面改革阶段，在国家相关部门的领导和支持下，我国证券市场的企业进行了全面改革；截至2007年，经过两年的全面改革，最终达到基本完成的结果（见表3–1）。

表3–1 中国股权分置改革进程

| 改革阶段 | 具体时间 | 主要目标 | 具体内容 |
|---|---|---|---|
| 初步探索阶段 | 1998—1999年 | 初步探索股权分置问题 | 为了促进国有企业的改革和发展，保证资金的重组，对股权分置问题进行初步探索，实际效果不如预期 |
| | 2001年6月 | 国有股减持 | 国务院颁布《减持国有股筹集社会保障资金管理暂行办法》以促进国有股减持的相关改革，该办法并未达到理想效果，当年10月相关改革暂停 |
| 试点改革阶段 | 2005年4月 | 试点改革效果 | 2005年4月29日，经国务院批准，中国证监会发布《关于上市公司股权分置改革试点有关问题的通知》，通过监督观测改革试点的结果，测试改革的效果并对相关改革政策进行优化 |
| 全面改革阶段 | 2005年9月 | 正式实施全面股权分置改革 | 2005年8月23日，经国务院批准，五部门联合发布《关于上市公司股权分置改革的指导意见》（五部门：财政部、中国证监会、中国人民银行、国资委、商务部），9月4日，中国证监会发布《上市公司股权分置改革管理办法》，由此，我国上市企业全面开展股权分置改革 |
| 基本完成阶段 | 2007年6月 | 股权分置改革基本完成 | 我国A股上市企业中有超过九成已经完成了改革，根据我国学者的相关研究，股权分置改革在我国证券市场中基本完成（王新霞等，2011） |

股权分置改革对于我国资本市场的稳定发展来说意义重大。其不仅是国家适应新形势的一项改革政策，还是能够促进我国上市企业良性发展的重要途径。对于资本市场发展来说，股权分置影响了市场的稳定性，对于我国国际化发展与会计准则趋同不利，股权分置改革促进了我国资本市场的稳定发展。对于上市企业成长来说，股权分置改革使企业内部的股权结构和法人治理得到进一步优化，在市场化发展的进程中，上市企业能够得到更有效的监督和激励，对企业内部资源和未来发展具有积极意义。对于股东保护来说，股权分置改革保护了流通股股东的利益。

### 3.3.2 股权制衡机制的建立

在我国上市企业发展初期，一股独大的特征较为显著，产生了一系列负面问题，随后我国颁布了一系列制度优化我国上市企业的股权结构，监管部门也鼓励股权制衡结构的发展，我国《上市公司治理准则》明确指出："注重建立合理制衡的股权结构。"说明对于上市企业的长期发展来说，合理股权制衡是非常重要的，监管部门也认为当股权有所分散后，股东之间的制衡与监督更加便于监管。

股权制衡是指在企业中存在多个大股东，股份不集中在控股股东个人手中，各大股东之间形成牵制的股权结构。第一，与一股独大相比，股权制衡能够抑制控股股东利用控制权掠夺企业资源的行为，这在一定程度上维护了企业利益相关者的权益和未来的稳定发展。第二，对于中小股东形成保护，因为大股东制衡会加强互相之间的监督和约束，这在一定程度上有益于保护中小股东的权益。第三，当股权形成制衡，单个大股东无法进行企业决策，需要股东们共同商量权衡后才能决定，减少了企业内不合理的决策，有利于增加企业业绩。这也得到了相关研究的证实，当我国上市企业股权形成制衡，存在多个大股东时，对于企业业绩能够产生正向作用。

### 3.3.3　市值管理制度的发展

在我国资本市场的发展中，市值管理制度逐步建立，也得到了上市企业的重视，2024年4月12日，国务院发布《关于加强监管防范风险推动资本市场高质量发展的若干意见》（以下简称《意见》）。此《意见》在2004年、2014年两个"国九条"的基础上对于我国资本市场未来的发展作出进一步规划，被称为新"国九条"，其明确提出"制定上市公司市值管理指引。研究将上市公司市值管理纳入企业内外部考核评价体系。"，这表明，我国上市企业已开始规范地进行市值管理。

市值管理制度能够影响非控股大股东退出博弈作用的发挥。市值管理制度的确立和发展，对于上市企业的控股股东和管理层而言，使其在管理中会更加关注企业的市值情况和股价波动。非控股大股东退出对股价的影响是其退出产生博弈的关键要素，而控股股东和管理层为了维护市值管理制度下的个人利益，有稳定企业市值和股价的动机，非控股大股东退出博弈由此能够影响约束控股股东和管理层的行为。

## 3.4　非控股大股东退出博弈影响投资决策的理论分析

上市企业的控股股东和管理层拥有企业投资的主要决策权和关键信息，而处于相对信息劣势的非控股大股东则需要主动监督企业的投资决策。企业投资作为企业三大财务决策之一，是企业经营的重要基础，非控股大股东作为企业的大股东，有更强的动机和能力关注和监督企业投资决策。根据退出博弈理论，大股东能够利用退出博弈影响企业治理，当直接参与等其他企业治理方式失效时，退出博弈也是一种有效的治理方式，非控股大股东利用退出造成的严重后果进行博弈，从而达到引起对方重视、增加谈判筹码、达到影响目标的博弈方式。直接退出的重要性和后果是退出博弈发挥作用的重要基础，对于非控股大股东来说，首先，相对于控股股东，其持股比例使其能够相对便利地退出企业，其退出博弈更加可信，同时，相对于其他外部利益相关者或中小股东，其能更方便地获得、更了解上市企业的内部信息，以此对企业情况进行监督，当其利益受损时，能够使用退出博弈反制。根据信号传递理论，拥有私有信息的非控股大股东退出向资本市场传递了不利信息，他们又能够以较低的成本达成合作，故一旦共同退出，会对企业造成较大的负面影响。对于控股股东和管理层而言，控股股东的持股情况导致其具有难以分散的风险，而管理层的个人薪酬声誉等也与企业股价、发展状况等紧密相关，同时，股权结构改革和资本市场的发展亦间接增强了其退出的便利性，因此，非控股大股东退出博弈的可置信性和威慑力较高。从理论角度看，控股股东和管理层为了避免非控股大股东退出造成的不良影响，可能会提前采取措施避免大股东退出，因此，非控股大股东能够采用退出博弈的方式改变控股股东和管理层的认知和投资决策。

本节将通过模型分析非控股大股东退出博弈对企业投资决策的影响。通过参考已有研究，构建企业投资决策模型，本书将非控股大股东（*NS*）、控股股东和管理层（*CM*）与企业投资决策加入其中。该模型中，从非控股大股东（*NS*）的角度来看，控股股东和管理层（*CM*）的投资决策是负面的，因为损害了非控股大股东的利益，但是这些投资决策却为控股股东和管理层带来了私人利益。模型分析的假设如下。

（1）企业初始价值为$V$，$V$是固定且可观察的。

（2）企业的相对短期和长期市场价值分别为$M_1$、$M_2$，设$\mu_1$、$\mu_2$为非负系数，控股股东和管理层的收益与$M_1$、$M_2$呈线性关系：$\mu_1M_1+\mu_2M_2$。

（3）控股股东和管理层（*CM*）能够从投资决策中获得收益$\beta$，$\beta$与非效率投资为正相关关系。

（4）非控股大股东（*NS*）能够在相对短期观察到控股股东和管理层（*CM*）的非效率投资决策以及由此带来的企业价值损失$\tilde{\delta}$。其中，服从在［0，$\bar{\delta}$］连续分布，$\bar{\delta}$为正且趋向于无穷大。

（5）经过一段时期后，企业的投资决策以及非控股大股东退出能够被市场观察到。

控股股东和管理层（*CM*）会在权衡投资对企业价值的影响后进行投资决策，函数$\alpha(\tilde{\delta})$表示控股股东和管理层（*CM*）的投资策略，当$\alpha(\tilde{\delta})=1$时，表明采取非效率投资，而$\alpha(\tilde{\delta})=0$时，表示不采取非效率投资决策。当企业进行非效率投资决策时，企业价值会减少$\tilde{\delta}$（$\tilde{\delta}\geqslant 0$），企业的未来价值则变为$M_1-E(\tilde{a}\tilde{\delta})$，而控股股东和管理层（$CM$）会获得私人收益$\beta \geqslant 0$，这损害了企业价值以及非控股大股东的利益，由于其能观察到企业的投资决策，会出售所持股票，非控股大股东（$NS$）对控股股东和管理层（$CM$）的投资决策的潜在影响来自其退出决定对企业价值（$M_1$）的影响，假设$E_s$为非控股大股东退出企业后$\tilde{a}\tilde{\delta}$的条件期望值，而$E_{ns}$则是非控股大股东不退出企业时$\tilde{a}\tilde{\delta}$的条件期望值。那么，非控股大股东退出后企业价格为$M_1-E_s$，不退出的企业价格为$M_1-E_{ns}$。下面将在关于$NS$和其他投资者的各种假设下，分析模型（3–1）的贝叶斯–纳什均衡，以探究在面对企业投资决策时，非控股大股东退出博弈的影响。

$$f(x)=E_{ns}(x)-E_s(x) \tag{3–1}$$

## 3.4.1　非控股大股东退出博弈的影响

本节分析在基本情况下，非控股大股东退出博弈的影响以及管理层和控股股东的投资决策，并在基本假设的基础上增加以下假设。

（1）在模型的均衡条件下，非控股大股东严格倾向于在管理层和控股股东实行非效率投资决策时退出企业。

（2）非控股大股东退出企业没有任何成本。

由于非效率投资决策降低了企业价值，当$NS$观察到$CM$的行为时，为了维护自身的利益，就会退出企业，出售自己的股票。那么如果$NS$退出企业时，企业价值为$V-E_s$，如果$NS$不退出，企业价值为$V-E_{ns}$，同时，考虑将流动性$\theta$纳入$NS$与$CM$的策略当中，当$\theta>0$时，即使$CM$不采取行动，$NS$也可能会因为流动性的原因卖出股份。

如果$CM$对一个特定的$\delta$起作用，则$M_2=V-\delta$，由于当$CM$采取非效率投资决策时，$NS$的退出概率为1，因此$M_1=V-E_s$。$CM$的期望效用为：

$$\beta+\mu_1(V-E_s)+\mu_1(V-\delta) \tag{3–2}$$

如果$CM$不进行非效率投资决策，则$M_2=V$，且$M_1=V-E_s$的概率为$\theta$，$M_1=V-E_{ns}$的概率为$1-\theta$，因为$NS$在受到流动性影响时才会卖出。因此，如果$CM$不进行非效率投资决策，其期望效用为：

$$\mu_1(V-\theta E_s)-\mu_2\left[(1-\theta)E_{ns}\right]+\mu_2 V \tag{3–3}$$

比较以上内容，当以下条件满足时，$CM$将进行非效率投资决策：

$$\beta-(1-\theta)\mu_1(E_s-E_{ns})+\mu_2\delta \geqslant 0 \tag{3–4}$$

$NS$存在的潜在影响通过上式中的第二项体现：（$1-\theta$）$\mu_1$（$E_s-E_{ns}$），其值取决于$NS$

退出与不退出两种决策股票价格之间的差额。由于从某种程度上说，退出反映了负面信息，该值为负，这一差额的绝对值衡量了NS在CM进行非效率投资决策时退出企业对CM施加“惩罚”的程度。

由于$\mu_2>0$，式（3-4）的左侧在$\delta$取值中呈递减趋势。这意味着，如果CM倾向于对一个给定的$\delta$采取非效率投资决策，那么他必须严格地倾向于对所有较小的值采取行动。因此，模型（3-1）的均衡临界点为$x$，当且仅当$\tilde{\delta}\leqslant x$时，CM就会选择非效率投资决策。考虑CM的这种策略，并且由于NS在CM选择非效率投资策略或受到流动性冲击时退出企业，出售股份，可以得出：

$$E_s(x)=\frac{Pr\left(\tilde{\delta}\leqslant x\right)E\left(\tilde{\delta}\mid\tilde{\delta}\leqslant x\right)}{\theta+(1-\theta)Pr\left(\tilde{\delta}\leqslant x\right)} \tag{3-5}$$

$$E_{ns}(x)=0 \tag{3-6}$$

如果NS不退出企业，则投资者可以推断出$\tilde{a}=0$，即CM未进行非效率投资决策，此时$E_{ns}$（$x$）=0与$x$不相关。对于$E_s$（$x$），当NS退出概率为$\theta$，其退出企业是由于流动性冲击，因此与$\tilde{a}$ $\tilde{\delta}$相关性较低，而$1-\theta$衡量了NS因CM非效率投资决策而退出的概率，此时$\tilde{a}=1$，根据CM的策略可以得出$\tilde{\delta}\leqslant x$。对于给定的$x$，$E_s$（$x$）在$\theta$中呈递减趋势，在$\theta$接近于1时，$E_s$（$x$）=Pr（$\tilde{\delta}\leqslant$x）$E$（$\tilde{\delta}$ ｜ $\tilde{\delta}\leqslant$x），当$\theta$接近于0，$E_s$=$E$（$\tilde{\delta}$ ｜ $\tilde{\delta}\leqslant$x）。

考虑CM是否进行非效率投资决策，由于服从连续分布，因此很容易看出，在任何严格均衡中，CM在均衡临界点$\tilde{\delta}=x_I$时，必定在非效率投资决策和不采取非效率投资决策之间保持中立。因此，$x_I$必须满足：

$$\beta-(1-\theta)\mu_1\left[E_s(x_I)-E_{ns}(x_I)\right]-\mu_2 x_I=0 \tag{3-7}$$

如前所述，如果NS不存在，则模型的平衡临界点为$\beta/\mu_2$，在这个基准情况下，在模型（3-1）中，当$\tilde{\delta}\leqslant x_I=\beta/\mu_2$时，CM会进行非效率投资决策，模型中的平衡的临界点越低，非控股大股东的利益越高，因为只有当$\tilde{\delta}$低于临界点时，CM会进行损害NS最佳利益的投资决策，因此，在模型（3-1）中，NS能够对CM的行为施加的约束是通过平衡临界值有多低来衡量的。当NS能够观察到CM的投资决策$\tilde{a}$，若CM在决策时不顾及非控股大股东的利益，NS能够将可置信的退出博弈作为一种有效的约束工具，对CM产生影响。

### 3.4.2 基于退出成本影响退出博弈的进一步分析

在前文，假设NS在退出过程中除了出售股票的价格影响外，不会产生任何成本，这是由NS的出售意愿显示的信息。在本节中，将根据现实情况，假设退出会给NS带来额外的成本。一方面，NS交易时可能需要支付交易成本；另一方面，NS的退出可能会降低企业的价值，因为退出会导致企业失去未来的利益，而这些利益则要通过NS继续作为股东存在而实现。这两种成本存在差异性，简单的交易成本只由NS承担，而NS退出所造成的企业价值损失则由所有利益相关者共同承担，并直接影响CM的收益，这两种退出成本会导致不同的结果。无论额外退出成本的来源如何，都会影响NS的退出意愿，从而影响退出博弈的效应。下面将分别分析存在两种退出成本时模型（3-1）的具体情况。

第一种退出成本，NS退出企业时的交易成本。同时假设：

（1）NS无论何时卖出股票都必须产生交易成本$\tau$。

（2）NS在受到流动性冲击时仍然卖出，而流动性导致的卖出发生的概率是$\theta$。

由前文验证可知，当$\mu_2>0$时，CM会在$\tilde{\delta}\leqslant x$时进行非效率投资决策。如果NS不受流动性影响，则其只会在$E(\tilde{\delta}\mid\tilde{\delta}\leqslant x)$（$\tilde{a}\,\tilde{\delta}$提供信息的期望值）和$Es(x)$（股份出售价格）之间的差异超过交易成本$\tau$时选择退出企业。$E(\tilde{\delta}\mid\tilde{\delta}\leqslant x)-Es(x)$的差额为NS的信息优势。NS的信息优势取决于其信息在均衡状态下有多少被揭示出来，若NS在每次采取行动时都选择退出，那么表明了其信息优势在于：

$$E\left(\tilde{\delta}\mid\tilde{\delta}\leqslant x\right)-E_s\left(x\right)=\frac{\theta\left[1-Pr\left(\tilde{\delta}\leqslant x\right)\right]E\left(\tilde{\delta}\mid\tilde{\delta}\leqslant x\right)}{\theta+\left(1-\theta\right)Pr\left(\tilde{\delta}\leqslant x\right)} \tag{3-8}$$

NS只在$\theta>0$时才具有信息优势。如果$\theta=0$，那么NS退出企业的概率为1，此时$E(\tilde{\delta}\mid\tilde{\delta}\leqslant x)=E_s(x)$，由此得出当$\theta=0$时NS将不愿意支付交易成本，因此在非严格均衡下才能获得信息优势。当$\theta>0$时，NS具有信息优势，因为其知道自己交易是出于信息优势还是流动性原因，但这种信息优势可能不足以支付交易成本，在此情况下，纯策略可能不存在均衡。为了验证这一点，设$\bar{x}=\beta/\mu_2$为非严格均衡的临界点，设$x_I$为每当NS退出时的平衡临界点。假设：

$$\left[1-Pr\left(\tilde{\delta}\leqslant x_I\right)\right]E\left(\tilde{\delta}\mid\tilde{\delta}\leqslant x_I\right)>\tau>\frac{\theta\left[1-Pr\left(\tilde{\delta}\leqslant x_I\right)\right]E\left(\tilde{\delta}\mid\tilde{\delta}\leqslant x_I\right)}{\theta+\left(1-\theta\right)Pr\left(\tilde{\delta}\leqslant x_I\right)} \tag{3-9}$$

上式左侧模型为NS在非严格均衡中拥有的信息优势，右侧模型为NS每当CM进行非效率投资时其都会退出企业的均衡状态下的信息优势。若上式成立，则意味着当假设NS不适用自己的信息进行交易时，其严格倾向于使用自己的信息，而假设当NS在不受流动性冲击的情况下使用自己的信息时，其则严格倾向于不适用自己的信息进行交易，这存在矛盾之处，因此，这说明不存在NS使用纯策略的均衡状态。

进一步利用混合策略均衡进行分析，假设当CM采取行动且NS不受流动性冲击时，NS退出的概率为$\varphi$。对于给定的临界点$x$和混合概率$\varphi$，$E_s(x)$和$E_{ns}(x)$的计算公式为：

$$E\left(\tilde{\delta}\mid\tilde{\delta}\leqslant x\right)-E_s\left(x\right)=\frac{\theta\left[1-Pr\left(\tilde{\delta}\leqslant x\right)\right]E\left(\tilde{\delta}\mid\tilde{\delta}\leqslant x\right)}{\theta+\left(1-\theta\right)Pr\left(\tilde{\delta}\leqslant x\right)} \quad (3\text{-}10)$$

$$E_{ns}\left(x\right)=\frac{\left(1-\varphi\right)Pr\left(\tilde{\delta}\leqslant x\right)E\left(\tilde{\delta}\mid\tilde{\delta}\leqslant x\right)}{1-\varphi Pr\left(\tilde{\delta}\leqslant x\right)} \quad (3\text{-}11)$$

当$\varphi<1$时，投资者不能再从$NS$保留其股份的情况下得出$CM$没有进行非效率投资决策的结论。因此，当存在交易成本时，$E_{ns}$（$x$）不等于零。$L$使用混合概率$\varphi$时的信息优势为：

$$E_{ns}\left(x\right)=\frac{\theta\left[1-Pr\left(\tilde{\delta}\leqslant x\right)\right]E\left(\tilde{\delta}\mid\tilde{\delta}\leqslant x\right)}{\theta+\left(1-\theta\right)Pr\left(\tilde{\delta}\leqslant x\right)} \quad (3\text{-}12)$$

当混合策略为均衡状态，$CM$、$x_1$的均衡临界点和$NS$的均衡混合策略$\varphi$使得：一方面，当$\tilde{\delta}=x_1$时，$CM$是否进行非效率投资决策没有影响；另一方面，若式（3-12）$=\tau$，当$CM$进行非效率决策时，$NS$是否退出也没有影响。当$\tau=0$时，不存在交易成本，即为上一节中所示的平衡，在这种情况下，$NS$对所有正$\theta$都有信息优势，不用混合策略，所以对于所有$\theta$都有$\varphi=1$。如果$\tau>0$，则当$\theta$足够小时，$L$使用混合策略。平衡混合概率$\varphi$是$\theta$的一个递增函数，即流动性冲击的概率越高，当$CM$进行非效率投资决策时，若$NS$没有受到流动性冲击，其退出的概率就越高，因为$\theta$的增加意味着$L$不需要为了产生足够大的信息优势来支付交易费用而避免交易其信息。

首先，当$\varphi<1$时，$NS$的影响会减弱，如果$\theta$满足$\varphi=1$，即只要$CM$进行非效率投资，$NS$就会退出，那么无论交易成本具体为多少，$NS$退出博弈的影响都是相同的。其次，当$NS$使用纯策略时，其退出博弈的影响会在流动性冲击时减小，但在$NS$使用混合策略时，其退出博弈的影响在$\theta$范围内增加，这是因为当$\theta$增大时，$NS$的信息优势增加，能够使用其信息进行更积极的交易，即$\psi$增大，这使得$E_s$（$x$）和$E_{ns}$（$x$）之间的差异更大，并最终增加了$NS$交易产生的退出威慑力。因此，在$NS$混合均衡的范围内，当$\theta$较大时，会增强其退出博弈。然而一旦$\theta$足够大接近于1时，当$CM$采取非效率投资策略时$NS$退出企业的概率为1，$\theta$的增加只会降低退出的信息效果，从而降低$NS$的退出博弈，因为其必定会退出，就无法利用退出博弈对$CM$造成影响。

第二种退出成本，当$NS$的继续存在对企业有利时，其退出就会产生成本。同时假设：

（1）如果$NS$由于任何原因退出，企业的价值将减少$\pi$，这与$\tilde{a}$和$\tilde{\delta}$无关。

（2）退出不需要付出其他代价。

从$NS$的角度来看，$\pi$与交易成本$\tau$没有区别，因为均是在出售过程中产生的成本，因此要被考虑到其退出决策中。然而，与交易成本不同的是，由于*NS*退出而损失的$\pi$影响了企业对所有投资者的利益，因此直接影响了*CM*的报酬。当*NS*的退出降低了企业的价值时，无法直观看出*NS*对*CM*的约束是否更加有效。一方面，存在简单交易成本的情况下，如果退出“惩罚”的使用频率较低，一般会降低*NS*退出的影响力，然而，若*NS*确实选择退出，当$\pi>0$时，这对*CM*薪酬的负面影响比$\pi=0$时更大，这通常会增加*NS*退出的威慑力。下面对这两种影响进行权衡。

考虑退出成本为$\pi$的模型（3-1），假设在没有流动性冲击的情况下，如果*CM*采取非效率投资决策，*NS*以概率$\varphi$退出。在这种情况下，如果*CM*在$\tilde{\delta}\leqslant x$进行非效率投资，当$\tilde{\delta}=\delta$时，它的期望效用为：

$$\begin{aligned}&\beta+\mu_1\left\{V-\left[\theta+(1-\theta)\varphi\right]\right\}\left\{\left[Es(x)+\pi\right]-(1-\theta)(1-\varphi)E_{ns}(x)\right\}\\&+\mu_2\left\{V-\delta-\left[\theta+(1-\theta)\varphi\right]\pi\right\}\end{aligned}\tag{3-13}$$

如果CM不进行非效率投资决策，它们的期望效用是：

$$\mu_1\left\{V-\theta\left[E_s(x)+\pi\right]-(1-\theta)E_{ns}(x)\right\}+\mu_2(V-\theta\pi)\tag{3-14}$$

由此求解可得到均衡临界点$x_1$：

$$\beta-(1-\theta)\varphi(\mu_1+\mu_2)\pi-(1-\theta)\varphi\mu_1\left[E_s(x_I)-E_{ns}(x_I)\right]-\mu_2x_I=0\tag{3-15}$$

这一条件与前文主要的区别在于：这里的私有收益有效地降低了（$1-\theta$）$\varphi$（$\mu_1+\mu_2$）$\pi$，原因是 *NS* 的退出所带来的企业价值损失会直接被 *CM* 感受到，这有助于缓解代理问题，并会增强 *NS* 退出博弈的影响。

综上所述，可以发现：第一，退出成本在无法消除的情况下，在某些情况下甚至可以增强*NS*通过退出博弈的效力。第二，对于任意一种退出成本，*NS*都可以使用混合策略均衡，即如果*CM*进行非效率投资决策，则*NS*以小于1的概率退出。第三，随着退出成本的增加，流动性冲击概率$\theta$的增加可以增强*NS*退出博弈的影响。第四，如果*NS*的退出降低了企业价值，那么*NS*对*CM*的约束可能会比基本情况下更加有效。

通过构建企业投资决策模型，将非控股大股东、管理层和控股股东这些主体以及非控股大股东退出博弈的治理方式纳入其中，在企业投资决策中的博弈与权衡中分析模型的贝叶斯-纳什均衡。首先，在不考虑退出成本的假设下分析非控股大股东退出博弈的影响，发现非控股大股东能够将可置信的退出博弈作为一种有效的约束工具，对管理层和控股股东产生影响。其次，在考虑退出存在交易成本的情况下，退出博弈同样能够产生影响。最后，本节运用理论分析结合理论模型探讨非控股大股东退出博弈对企业投资决策的影响，从理论模型角度证实了非控股大股东退出博弈的效力，其能够对管理层和控股股东产生影响和约束力，为后续实证分析奠定了基础。

## 3.5 本章小结

本章在已有研究的基础上，首先，对非控股大股东、非控股大股东退出博弈和企业投资决策进行概念界定。其次，围绕非控股大股东退出博弈的治理以及企业投资决策，介绍了股东积极主义理论、退出博弈理论、委托代理理论、信息不对称理论、信号传递理论、融资约束理论。再次，对非控股大股东的股权结构以及影响退出博弈的相关制度背景进行分析。最后，进行了非控股大股东退出博弈对投资决策影响的理论分析。

股东积极主义理论指出，期望股东以积极的态度参与企业治理以提升企业的绩效，而退出博弈理论则提出了退出博弈作为一种有效的博弈方式能够对企业治理产生显著影响，而非控股大股东退出博弈能够作为股东积极主义的主体使用退出博弈影响企业投资决策，通过退出博弈产生的信号传递作用，缓解委托代理理论、信息不对称理论指出的代理问题和信息不对称问题。从理论分析和模型推导可以看出，无论是否考虑退出成本，非控股大股东退出博弈都具有影响力，基于现实情况中退出成本、流动性影响以及退出造成的企业价值波动，非控股大股东退出博弈能够影响管理层和控股股东的决策。在后续章节中，将对本章节所描述的非控股大股东退出博弈与企业投资决策的关系进行实证检验，具体而言，分别检验非控股大股东退出博弈是否会影响企业的实业、金融、创新投资，以及投资效率的变化。

# 第 4 章

## 非控股大股东退出博弈与实业投资

## 4.1 问题提出

投资作为拉动经济增长的三驾马车之一，在我国市场经济的发展进程中一直备受关注，尽管我国制度环境仍存在不完备之处，但市场主体仍然表现出高涨的投资活力，展现了“中国奇迹”式的经济发展，然而，由于环境多变和成本上升，投资动力出现迟缓，导致中国经济增速放缓。与之相对应的是我国实业投资的缓慢发展，据统计，近十年来我国金融行业投资的增加值占GDP的比重大幅上升而工业增加值占 GDP 的比重则一直呈下降趋势。党的二十大报告指出，“坚持把发展经济的着力点放在实体经济上”“加快构建新发展格局，着力推动高质量发展”。在此背景下，上市企业实业投资对于振兴实体经济以及促进经济高质量发展等无疑具有重要现实意义。

对于企业来说，投资是其三大财务活动之一，通过在企业经营的相关领域投放要素资源从而获得回报，对企业价值有重要影响。在完美的市场环境中，企业能够根据投资机会选择最优的投资策略，而现实情况的复杂性，使企业投资受到诸多因素的影响。实体企业往往将资产投资于固定资产等实业，而实业投资的资产专用性相对较强，导致其具有变现能力较弱、投资回收过程缓慢等特点，而实业投资水平的下降对企业的核心竞争力产生了严重的负面影响。由此可见，如何在当前市场环境中不断激发企业投资活力，提高企业实业投资水平和竞争力，是影响经济发展和企业价值的重要问题。

企业实业投资受到多方面问题的影响，作为影响企业价值的重要决策，实业投资的影响因素备受学者们的关注，诸多学者研究发现，融资约束是限制实业投资的重要因素，除内部融资约束，金融投资也会导致实业投资下降。还有研究关注宏观政策环境变化的影响，如“一带一路”倡议、银行竞争水平、行政审批制度改革等均会对企业实业投资产生显著影响；再如宽松的货币政策环境、影子银行的发展以及国家监管环境的改善都对实业投资产生了积极影响。

股东参与企业治理是现代企业制度的一大核心特征，具体方式主要包括直接参与、直接退出以及退出博弈或博弈三种。虽然大股东能够有效发挥监督功能，但由于类型、地位和追求的目标不同，其治理作用亦存在一定差异。股权分置改革后，中国上市企业的股权结构趋于制衡性和多元化，非控股大股东在上市企业的影响越来越重要，能够采用多种方式参与企业治理。伴随着我国市场化改革的深入推进以及投资者法律保护的不断健全，退出博弈已成为非控股大股东参与企业治理的一种重要方式。企业大股东分为控股股东与非控股股东两大类，非控股大股东是指在企业中持股超过5%但又不掌握企业控制权的大股东。非控股大股东退出博弈是由非控股股东个体或其联合组成的团体，通过集体谈判、共同声明等威慑性手段与企业管理层或控股股东进行博弈，进而谋取表达利益诉求、监督企业决策、完善企业治理机制的方式。在社会心理学中，利益主体利用博弈表达诉求，通过施加压力讨价还价，最终目的是通过交流、谈判等方式在博弈中实现自身利益最大化。退出博弈理论认为，非控股大股东的退出行为会向市场传递负面信息，由于其持股较多，自身利益与企业发展息息相关，当通过积极发声渠道受阻或成本过高，但又不想直接退出时，退出博弈这一方式是其表达诉求的重要渠道。对于控股股东和管理层来说，非控股大股东退出往往会产生较为严重的负面影响，因此其会关注非控股大股东退出博弈表达的诉求，可能会采取措施或改变决策以尽量避免退出行为的发生。非控股大股东能够采用退出博弈的方式改变企业决策主体的认知。

本章可能存在的差异化贡献在于：（1）已有关于实业投资水平的研究多集中于企业资金或宏观政策层面，鲜有文献从微观企业的股东治理层面进行深入研究，本章以非控股大股东的细分视角关注其退出博弈对企业实业投资的影响，是对实业投资相关研究的有益拓展。实业投资的决策对企业发展有着重要影响，本章的研究丰富了提升企业投资活力的内部机制。（2）以实业投资为后果揭示了非控股大股东退出博弈的治理效应，退出博弈作为非控股大股东参与企业治理的重要方式之一，关于退出博弈的作用还存在争议，本章结果发现其显著提升了实业投资，丰富了大股东治理领域的研究，为股东参与企业治理的相关研究作出了增量贡献。（3）本章研究了非控股大股东退出博弈影响实业投资的作用途径，进一步明晰了非控股大股东退出博弈影响企业实业投资的内在机制，有助于深入理解我国非控股大股东退出博弈的作用机制。深入考虑非控股大股东不同主体退出博弈的差异性，为优化股权结构提供了经验证据，同时，研究发现非控股大股东退出博弈对实业投资的作用会受到其他治理方式的影响，为进一步发挥非控股大股东的企业治理作用提供了经验证据和启示。

## 4.2　理论分析与研究假设

企业投资作为企业三大财务决策之一，是企业经营的重要基础，也对经济高质量发展具有重要影响。实业投资水平关乎企业未来，也影响着市场对其发展前景的评价，作为企业的重要决策之一，企业股东尤其是大股东势必会关注企业的实业投资，在综合考虑宏观环境、企业发展与自身利益的情况下，会利用各种方式获得企业实业投资的信息，利用提出博弈影响实业投资水平，非控股大股东亦是如此。

非控股大股东是介于控股股东与中小股东之间的第三方力量，其持股比例相对较多且更具备专业背景知识，有动机和能力干预并影响企业的实业投资。从动机方面看，企业实业投资对企业发展至关重要，而非控股大股东的利益也与企业发展息息相关，对于非控股大股东而言，其面临的关于实业投资的信息不对称问题，相对控股股东和管理层更加严重。在此情况下，非控股大股东有干预企业实业投资的动机。从能力方面看，非控股大股东相对持股较多，对企业的投资状况拥有一定的私有信息，能够通过多种方式参与治理从而影响实业投资决策，如直接参与的提交议案、策略性投票等方式，或将持有股票全部出售直接退出企业，以及退出博弈的潜在威慑方式。当非控股大股东无法采用直接方式对企业进行治理又没有直接退出的意愿时，能够通过退出博弈的方式产生作用。

退出博弈是股东参与企业治理的手段之一，其实质是介于直接参与和直接退出之间的一种博弈方式，即由非控股大股东个体或其联合组成的团体，通过威慑性手段与企业管理层或控股股东进行博弈，进而达到影响企业治理机制的作用。拥有私有信息的非控股大股东退出向资本市场传递了不利信息，他们又能够以较低的成本达成合作，故一旦共同退出，会对企业造成较大的负面影响，而股权分置改革、市值管理制度的发展、放松卖空管制政策等增强了股票市场的流动性，间接提升了其合作退出的便利性，因此，非控股大股东退出博弈对企业实业投资能够产生显著影响。笔者认为，二者的关系可能会存在两方面不同的结果。

一方面，非控股大股东退出博弈会提高实业投资水平。从退出博弈的企业治理作用来看，非控股大股东能够抑制控股股东和管理层的代理问题，实业投资在短期内无法给控股股东和管理层带来收益，代理问题的存在导致其为了牟取个人私利，忽略企业的长远利益而减少实业投资。非控股大股东更加重视企业的长远发展，势必关注实业投资，并利用退出博弈影响企业的实业投资。资本市场往往将具有信息优势的大股东退出行为解读为企业价值降低的负面信息，对于外部投资者来说，非完备的信息可能会造成集中抛售股票的情况出现，造成企业股价下跌。控股股东由于持股比例较高而具有难以分散的风险，而大股东退出会增加高管被强制变更的概率，控股股东和管理层慑于非控股大股东退出造成的严重后果，在受到其退出博弈时会减少机会主义行为，控股股东会加强对企业的监管，管理层也会努力工作以维持企业的发展，从而增强企业的企业治理水平和风险应对能力。非控股大股东退出博弈由此对实业投资产生积极作用，使控股股东和管理层注重提升企业核心竞争力和长远发展水平。由于实业投资是企业发展水平的重要表现，非控股大股东退出博弈有利于提高实业投资水平，提升企业实业投资活力。

另一方面，非控股大股东退出博弈改善了企业信息治理水平，促使企业增加实业投资。实业投资的获益周期相对较长，但对企业的可持续发展更加有利，因为实业投资是增强企业核心竞争力的重要方式，也是增加企业全要素生产率、实现全面稳定长期发展的重要保障。这与非控股大股东注重企业长期发展的诉求一致，因此其会更加关注相关的信息，从而加强监督，推动实业投资，维护自身长期稳定的利益。非控股大股东的监管能够提升企业信息披露质量，同时，控股股东和管理层由于具有信息优势有动机进行信息操纵，非控股大股东能够通过实施退出博弈，提高盈余管理成本，抑制企业信息操纵的动机。信息披露质量的提升使非控股大股东了解企业真实的实业投资情况，进而能够通过退出博弈的治理方式进行博弈使企业重视实业投资，形成良性循环。从信号传递理论来看，企业提升实业投资水平能够传递企业正面发展的信号，当非控股大股东对企业发展失去信心而利用退出博弈进行威慑时，控股股东和管理层为了避免非控股大股东退出，会通过提高投资水平来增强非控股大股东的信心，传递企业积极发展的信号。

基于以上分析，笔者提出如下假设。

假设4-1a：非控股大股东退出博弈可以增加企业实业投资。首先，非控股大股东退出博弈使控股股东和管理层面临着较大的声誉业绩压力，实业投资虽然有利于企业的可持续发展，提升企业核心竞争力，但其投资回报期较长，非控股大股东严格监督与博弈的压力会造成管理层的行为僵化，虽然管理层对非控股大股东退出造成的严重后果十分担忧，但其努力工作或改变决策的结果无法立即在企业业绩中得到体现，因此选择消极怠工，工作主动性和积极性将有所降低，投资更加保守。对于企业管理层来说，在同等收益情况下，管理层倾向于规避风险，新的实业投资项目不仅要求其花费更多时间和精力努力工作，而且面临投资失败的风险，其对实业投资的消极态度抑制了企业的实业投资水平。同时，管理层会过度关注短期业绩，而投资周期较长是实业投资的显著特点，因此会选择减少对其进行投资。

其次，非控股大股东退出博弈可能会导致预期资本成本上升，造成融资约束风险，导致实业投资下降。从企业内部来看，控股股东为了自身的控制权利益在股利决策中往往选择不分红或少分红，也不倾向于提高投资水平。而当其面临非控股大股东退出博弈时，控股股东为了避免非控股大股东退出对其造成的巨大损失，会选择利用现金股利发放的方式安抚非控股大股东，因为较高的股利支付率是大股东保障自身利益的重要诉求。从企业外部来看，实业投资的高额投入往往难以取得银行信贷的支持，同时，非控股大股东退出博弈的存在本身就传递了企业的风险信号，甚至会使其他外部投资人提高企业的投资风险溢价，这更会加剧企业的系统性风险，导致企业动荡以及预期资本成本上升。在此情况下，非控股大股东退出博弈导致企业需要支付更多的资金安抚非控股大股东以及增加资本成本预算，这可能会挤占实业投资资金，导致实业投资水平下降。

最后，面临非控股大股东退出博弈带来的不确定性和风险性，控股股东和管理层可能会选择忽略非控股大股东关于实业投资的诉求，而选择攫取个人私利，这会导致实业投资下降。根据实物期权理论，实业投资的高不可逆转性导致其不确定性较高，这种不确定性会抑制企业实业投资水平，但在这种情况下延迟投资可以创造有价值的期权。在此情况下，企业通常不会倾向于选择投资回报期较长的实业投资。另一种可能的情况是，非控股大股东会利用退出博弈作为筹码，以获取短期个人私利，如其可能会利用退出博弈在与控股股东和管理层的谈判博弈中形成合谋以获得更多的私利，不会过于关注实业投资情况。

基于以上分析，笔者提出如下假设：

假设4-1b：非控股大股东退出博弈抑制了企业实业投资。

# 4.3 研究设计

## 4.3.1 样本选择与数据来源

本书选取2010—2021年我国沪深A股上市企业为样本。2007年我国新会计准则颁布实施后，上市企业开始更为完整地计量与披露各类资产金额，之前的数据缺失较为严重，同时，2008—2009年金融危机会对企业投资产生较大影响，因此，本书选择2010年以后的样本。为了研究需要，对数据进行如下处理：依次剔除了金融、保险类上市企业，ST以及相关数据缺失的企业样本，并对连续型变量进行前后1%的缩尾处理，共得到31213个企业年度样本。本书使用Stata15.0进行数据处理，非控股大股东数据根据企业季度财务报告手工搜集整理，并按照变量定义中的方法进行筛选计算；其他数据来自CSMAR和WIND数据库。

## 4.3.2 变量定义与模型设立

### 4.3.2.1 变量定义

#### 4.3.2.1.1 被解释变量：实业投资

借鉴已有研究，实业投资的计算公式如下：

实业投资（*IndInv*）=（构建固定资产、无形资产和其他长期资产支付的现金－处置固定资产、无形资产和其他长期资产收回的现金净额）/期初总资产（4-1）

#### 4.3.2.1.2 解释变量：非控股大股东退出博弈

解释变量为非控股大股东退出博弈。本书将非控股大股东定义为持股超过5%但又不掌握控制权的大股东，在合并一致行为人的基础上统计非控股大股东的相关数据。非控股大股东退出博弈（*ET*）的计算方法为股票流动性与非控股大股东竞争程度的乘积。股票流动性（$LIQUIDITY_{i,t}$）的衡量方式为流通股日均股票换手率，因为股票流动性越高，退出博弈的可信性越强。非控股大股东竞争程度（$BHCOMP_{i,t}$）需要利用企业非控股大股东与所有大股东持有流通股的比例关系，根据模型（4–3）计算得到。具体计算模型如下：

$$ET_{i,t}=LIQUIDITY_{i,t}\times BHCOMP_{i,t} \tag{4-2}$$

$$BHCOMP_{i,t}=(-1)\sum_{k=1}^{N}\left(\frac{NCLS_{k,i,t}}{BLOCK_{i,t}}\right)^{2} \tag{4-3}$$

其中，在非控股大股东竞争程度（$BHCOMP_{i,t}$）的计算中，$NCLS_{k,i,t}$表示非控股大股东持有流通股的比例，$k$表明企业可能存在不止一个非控股大股东，$BLOCK_{i,t}$表示企业全部大股东持有流通股的比例之和。非控股大股东竞争程度（$BHCOMP_{i,t}$）为正向指标，其值越大，则说明非控股大股东之间的竞争程度越高。

4.3.2.1.3　控制变量

控制变量。根据研究需要并借鉴相关研究的做法，本书控制了影响实业投资的其他因素，包括：企业规模（*Size*）、资产负债率（*Lev*）、资产收益率（*Roa*）、现金水平（*Cash*）、总资产周转率（*Taturn*）、营业现金流（*Cfo*）、企业成长性（*Growth*）、第一大股东持股比例（*Top*1）、盈利能力（*Roe*）、产权性质（*State*）、上市年限（*Age*）、董事会规模（*Bods*）、独立董事比例（*Dir*）、监事会规模（*Sups*）、两职合一（*Dual*）。此外，还控制了年度和行业固定效应。具体变量定义见表4–1。

**表4–1　变量定义表**

| 变量名 | 变量代码 | 变量定义 |
|---|---|---|
| 企业实业投资 | *IndInv* | （构建固定资产、无形资产和其他长期资产支付的现金—处置固定资产、无形资产和其他长期资产收回的现金净额）/期初总资产 |
| 非控股大股东退出博弈 | *ET* | 股票流动性与非控股大股东竞争程度的乘积 |
| 企业规模 | *Size* | 期末总资产的自然对数 |
| 资产负债率 | *Lev* | 总负债与总资产的比值 |
| 资产收益率 | *Roa* | 净利润/总资产 |
| 现金水平 | *Cash* | 货币资金/总资产 |
| 总资产周转率 | *Taturn* | 营业收入与总资产的比值 |
| 营业现金流 | *Cfo* | 经营活动现金流量净额/总资产 |
| 企业成长性 | *Growth* | （当年主营业务收入–上年主营业务收入）/上年主营业务收入 |

续表

| 变量名 | 变量代码 | 变量定义 |
|---|---|---|
| 第一大股东持股比例 | *Top*1 | 企业第一大股东持股比例 |
| 盈利能力 | *Roe* | 净利润/所有者权益 |
| 产权性质 | *State* | 国有企业为0，非国有企业为1 |
| 上市年限 | *Age* | 企业成立至今的年数，取对数 |
| 董事会规模 | *Bods* | 董事会总规模的自然对数 |
| 独立董事比例 | *Dir* | 独立董事占董事总人数的比例 |
| 监事会规模 | *Sups* | 监事会总规模的自然对数 |
| 两职合一 | *Dual* | 董事长和总经理是同一人为1，否则为0 |

#### 4.3.2.2 模型设立

为了检验假设，在此借鉴饶品贵等（2017）、李蒙等（2021）、黄贤环等（2021）的研究，构建如下模型：

$$IndInv_{i,t}=\alpha_0+\alpha_1 ET_{i,t}+\alpha 2Controls_{i,t}+\Sigma YearFE+\Sigma IndustryFE+\varepsilon_{i,t} \qquad (4-4)$$

其中，$IndInv_{i,t}$为$i$企业在$t$年的实业投资，$ET_{i,t}$为$i$企业在$t$年的非控股大股东退出博弈（$ET$）。在模型（4-4）中，若系数$\alpha_1$显著为正，则证明假说4-1$a$成立，即非控股大股东退出博弈能够提升企业的实业投资水平；反之若系数$\alpha_1$显著为负，则证明了假说4-1$b$，说明非控股大股东退出博弈抑制了企业的实业投资。

## 4.4 实证结果与分析

### 4.4.1 描述性统计分析

表4-2为主要变量的描述性统计结果。从表中可以看出，企业实业投资（*IndInv*）的均值和标准差分别为0.041和0.077，最小值和最大值分别为-0.121和0.410，从样本分布来看，整体投资水平相对左偏，说明我国上市企业的实业投资水平存在较大差异；大部分上市企业的实业投资相对集中，少部分上市企业实业投资水平较高。非控股大股东退出博

弈（*ET*）的均值和标准差分别为-0.008和0.015，与已有研究基本一致。根据样本分布结果，非控股大股东退出博弈的均值由于度量方式原因而呈现负值，-0.000值的存在则是因为统一保留了三位小数所致，其后续均有结果，说明退出博弈普遍存在且存在明显的企业间差异。

其他控制变量的描述性统计如表4-2所示。与企业特征相关的控制变量，企业规模（*Size*）的均值为22.212，标准差为1.474；资产负债率（*Lev*）的均值为0.440，标准差为0.220；现金水平（*Cash*）的均值为0.185，标准差为0.138；产权性质（*State*）的均值为0.669，标准差为0.470，表明样本上市企业中有66.9%的为非国有企业，上市年限（*Age*）的均值为2.528，标准差为0.633。与企业发展相关的控制变量，资产收益率（*Roa*）的均值为0.034，标准差为0.070；总资产周转率（*Taturn*）的均值为0.595，标准差为0.426；营业现金流（*Cfo*）的均值为0.042，标准差为0.072；企业成长性（*Growth*）的均值为0.171，标准差为0.450；盈利能力（*Roe*）的均值为0.051，标准差为0.176，表明样本上市企业的盈利能力与发展水平间存在较大差异。与企业治理相关的控制变量，第一大股东持股比例（*Top*1）的均值为0.337，标准差为0.145；董事会规模（*Bods*）的均值为2.210，标准差为0.250；独立董事比例（*Dir*）的均值为0.379，标准差为0.065，表明样本上市企业中独立董事平均占比约为37.9%。监事会规模（*Sups*）的均值为1.312，标准差为0.314，两职合一（*Dual*）的均值为0.298，标准差为0.457，说明在29.8%的上市企业样本中董事长和总经理是同一人。各控制变量的描述性统计结果与已有研究基本一致，均在合理范围内（见表4-2）。

**表4-2　描述性统计结果**

| 变量名 | 样本量 | 均值 | 标准差 | 最小值 | 25分位 | 中值 | 75分位 | 最大值 |
|---|---|---|---|---|---|---|---|---|
| *IndInv* | 31213 | 0.041 | 0.077 | −0.121 | −0.001 | 0.022 | 0.057 | 0.410 |
| *ET* | 31213 | −0.008 | 0.015 | −0.330 | −0.010 | −0.000 | −0.000 | −0.000 |
| *Size* | 31213 | 22.212 | 1.474 | 19.522 | 21.180 | 21.975 | 22.956 | 27.387 |
| *Lev* | 31213 | 0.440 | 0.220 | 0.050 | 0.265 | 0.430 | 0.600 | 0.957 |
| *Roa* | 31213 | 0.034 | 0.070 | −0.332 | 0.013 | 0.036 | 0.066 | 0.200 |
| *Cash* | 31213 | 0.185 | 0.138 | 0.004 | 0.089 | 0.147 | 0.241 | 0.680 |
| *Taturn* | 31213 | 0.595 | 0.426 | 0.000 | 0.324 | 0.506 | 0.743 | 2.502 |
| *Cfo* | 31213 | 0.042 | 0.072 | −0.197 | 0.004 | 0.043 | 0.084 | 0.241 |
| *Growth* | 31213 | 0.171 | 0.450 | −0.608 | −0.011 | 0.089 | 0.259 | 2.966 |
| *Top*1 | 31213 | 0.337 | 0.145 | 0.0950 | 0.224 | 0.313 | 0.432 | 0.731 |

续表

| 变量名 | 样本量 | 均值 | 标准差 | 最小值 | 25分位 | 中值 | 75分位 | 最大值 |
|---|---|---|---|---|---|---|---|---|
| *Roe* | 31213 | 0.051 | 0.176 | −1.104 | 0.029 | 0.069 | 0.115 | 0.423 |
| *Age* | 31213 | 2.528 | 0.633 | 0.000 | 2.303 | 2.565 | 3.091 | 3.434 |
| *State* | 31213 | 0.669 | 0.470 | 0.000 | 0.000 | 1.000 | 1.000 | 1.000 |
| *Bods* | 31213 | 2.210 | 0.250 | 0.000 | 2.079 | 2.197 | 2.303 | 3.258 |
| *Dir* | 31213 | 0.379 | 0.065 | 0.250 | 0.333 | 0.364 | 0.429 | 0.600 |
| *Sups* | 31213 | 1.312 | 0.314 | 0.000 | 1.099 | 1.099 | 1.609 | 2.890 |
| *Dual* | 31213 | 0.298 | 0.457 | 0.000 | 0.000 | 0.000 | 1.000 | 1.000 |

## 4.4.2 非控股大股东退出博弈与实业投资回归分析

### 4.4.2.1 非控股大股东退出博弈度量的有效性检验

为了检验关键变量非控股大股东退出博弈的度量是否具有有效性，本节构建Logit模型（4–5），检验非控股大股东退出博弈代理变量是否真正预测了非控股大股东实质退出。

$$Logit\,(ETR)=\alpha_0+\alpha 1ET_{i,t/t-1}+\Sigma Year\ FE+\Sigma IndustryFE+\varepsilon_{i,t} \quad (4\text{–}5)$$

*ETR*为非控股大股东实际退出情况，若企业上一年的非控股大股东不在企业当年的股东名单中，则认为该企业当年存在非控股大股东退出的情况，将其赋值为1，否则赋值为0。将*ETR*作为被解释变量代入模型（4–5）中进行检验，由表4–3的回归结果可见，当期及上一期非控股大股东退出博弈（*ETR*）的系数均在1%的水平显著为正，说明非控股大股东退出博弈的度量具有有效性，能够预测非控股大股东实质退出行为（见表4–3）。

**表4–3 非控股大股东退出博弈与非控股大股东实际退出回归结果**

| 变量 | （2） | （4） |
|---|---|---|
| | *ETR* | *ETR* |
| *ET* | 8.632*** | |
| | （8.18） | |
| $ET_{t-1}$ | | 7.940*** |
| | | （7.19） |

续表（一）

| 变量 | （2） | （4） |
| --- | --- | --- |
| | *ETR* | *ETR* |
| *Size* | 0.037*** | 0.039*** |
| | （3.42） | （3.39） |
| *Lev* | 0.058* | 0.046 |
| | （1.92） | （1.24） |
| *Roa* | 0.001 | −0.012 |
| | （0.05） | （−0.44） |
| *Cash* | 0.241** | 0.881*** |
| | （2.40） | （7.81） |
| *Taturn* | −0.041 | −0.005 |
| | （−1.47） | （−0.17） |
| *Cfo* | −0.357*** | −0.412** |
| | （−2.63） | （−2.54） |
| *Growth* | −0.000 | −0.000 |
| | （−0.18） | （−0.14） |
| *Top*1 | −1.893*** | −1.938*** |
| | （−18.23） | （−17.43） |
| *Roe* | −0.003 | −0.005 |
| | （−0.74） | （−0.95） |
| *Age* | −0.730*** | −1.102*** |
| | （−27.80） | （−36.73） |
| *State* | 0.282*** | 0.237*** |
| | （7.58） | （5.98） |
| *Bods* | 0.309*** | 0.298*** |
| | （4.62） | （4.24） |

续表（二）

| 变量 | （2） | （4） |
|---|---|---|
| | *ETR* | *ETR* |
| *Dir* | −0.011 | −0.325 |
| | （−0.05） | （−1.41） |
| *Sups* | −0.089* | −0.098* |
| | （−1.65） | （−1.70） |
| *Dual* | 0.076** | 0.090*** |
| | （2.50） | （2.79） |
| *Constant* | −0.083 | 1.397*** |
| | （−0.30） | （4.70） |
| *IndustryFE* | *Yes* | *Yes* |
| *YearFE* | *Yes* | *Yes* |
| *N* | 31213 | 27966 |
| *R−squared* | 0.052 | 0.085 |

注：表中括号内为 T 值，***、**、* 分别表示在 1%、5% 和 10% 的水平上显著。下同。

#### 4.4.2.2 非控股大股东退出博弈与实业投资回归结果

表4–4为非控股大股东退出博弈与实业投资的回归结果。由表4–4列（1）可见，在加入控制变量前，非控股大股东退出博弈（*ET*）的系数为0.080，在1%的水平上显著；由列（2）可见，在加入控制变量后，非控股大股东退出博弈（*ET*）的系数为0.066，同样在1%的水平上显著，基本证实了本书的假设4–1*a*，说明非控股大股东退出博弈提升了企业实业投资（见表4–4）。

表4-4　非控股大股东退出博弈与实业投资回归结果

| 变量 | (1) | (2) |
|---|---|---|
| | *IndInv* | *IndInv* |
| *ET* | 0.080*** | 0.066*** |
| | (4.01) | (3.30) |
| *Size* | | 0.001*** |
| | | (5.68) |
| *Lev* | | 0.000 |
| | | (0.83) |
| *Roa* | | 0.002*** |
| | | (3.97) |
| *Cash* | | 0.024*** |
| | | (11.26) |
| *Taturn* | | 0.001 |
| | | (1.02) |
| *Cfo* | | 0.015*** |
| | | (6.16) |
| *Growth* | | 0.000*** |
| | | (5.73) |
| *Top*1 | | 0.008*** |
| | | (3.93) |
| *Roe* | | −0.000 |
| | | (−0.21) |
| *Age* | | −0.010*** |
| | | (−18.27) |
| *State* | | 0.004*** |
| | | (5.29) |
| *Bods* | | −0.002 |
| | | (−1.59) |

续表

| 变量 | （1） | （2） |
|---|---|---|
| | *IndInv* | *IndInv* |
| *Dir* | | −0.012*** |
| | | （−2.76） |
| *Sups* | | 0.001 |
| | | （0.92） |
| *Dual* | | 0.002*** |
| | | （2.62） |
| *Constant* | 0.027*** | 0.025*** |
| | （9.97） | （4.06） |
| *IndustryFE* | *Yes* | *Yes* |
| *YearFE* | *Yes* | *Yes* |
| *N* | 31213 | 31213 |
| *R-squared* | 0.023 | 0.050 |

从退出博弈这一治理方式来看，根据前文理论分析，可置信的退出博弈是其能够发挥作用的重要基础，退出博弈的可置信程度越高，越能发挥更强的治理作用，同时退出博弈理论指出，非控股大股东退出博弈强度更高时，其能够产生更有效的治理效果。而且管理层薪酬对股价的敏感性在很大程度上决定了非控股大股东退出博弈的强度。为了对这些理论分析进行验证，需要在主检验的基础上对退出博弈的可置信程度和强度进行分组检验。

从非控股大股东的其他治理方式来看，非控股大股东能够通过直接参与、退出博弈、直接退出多种方式影响企业决策，前文已经证明了退出博弈对实业投资的显著影响。在理论分析和以往研究中，直接退出产生的影响是退出博弈发挥作用的重要前提，但直接参与会对退出博弈产生何种影响有待探索。对于非控股大股东直接退出和直接参与影响的检验，能够进一步佐证退出博弈的作用，而对于非控股大股东直接参与影响的检验，对于充分发挥非控股大股东多种方式治理能力具有启示意义。

从非控股大股东这一主体来看，退出博弈理论指出，非控股大股东的类型不同，其参与企业治理的动机和能力亦存在差异，其退出博弈的治理作用有所不同，而一系列企业改革措施塑造的差异化大股东结构也提供了良好的自然场景。不同非控股大股东持股主体是否都能够对实业投资发挥显著作用，其影响是否存在不同，该问题是优化企业股权结构的重要依据，也是完善退出博弈治理框架的重要内容，需要详细划分非控股大股东的类别，从而比较探究其退出博弈治理效应的差异。

下面将从退出博弈和非控股大股东这两个角度对以上三个问题进行详细分析。

#### 4.4.2.3　退出博弈可信性与退出博弈强度的影响

4.4.2.3.1　退出博弈可信性

可置信的退出博弈能够对企业治理产生显著影响，当大股东持股比例之和相对于控股股东越少，其积极参与企业治理的动机就越小，退出的可能性越大。当企业非控股大股东退出博弈可信度越高时，对控股股东和管理层的机会主义行为约束力就越强，因此，企业会通过增加投资来提升非控股大股东退出博弈的信心，即非控股大股东退出博弈在可信度更高时具有更显著的影响。研究以非控股大股东与控股股东持股比例之差的中位数为基准，将样本分为退出博弈可信性高（持股比例差较大）、低两组，来检验二者是否对退出博弈治理效应产生差异化影响，具体回归结果见表4–5。从表4–5列（1）可以看出，非控股大股东退出博弈（*ET*）在退出博弈可信性高组（大股东与控股股东持股差较大）显著，其系数为0.106，在1%的水平显著为正；由列（2）可以看出，非控股大股东退出博弈（*ET*）在退出博弈可信性低组不显著。由此可见，退出博弈的可信度越高，越能显著影响企业的实业投资。

4..4.2.3.2　退出博弈强度

根据前文分析，管理层薪酬对股价的敏感性是影响非控股大股东退出博弈对其博弈强度的重要因素，非控股大股东退出博弈能够应对管理层的机会主义私利行为，增加了企业流动资金，提升企业投资活力，管理层也会为了向非控股大股东传递积极信号而增加企业投资。管理层对股价的在意程度会对非控股大股东退出博弈的效应产生重要影响，当管理层对企业股价更加敏感时，非控股大股东退出会因其对管理层造成的严重负面影响而产生更强的约束力，因此，在退出博弈强度更大时，非控股大股东退出博弈对实业投资会产生更显著的影响。为此，计算管理层前三名薪酬总和与企业市值的比值，并根据中位数样本分为两组，即退出博弈强度高和退出博弈强度低组，以此检验退出博弈强度对其治理效应的影响，具体回归结果见表4–5列（3）、（4）。由列（3）可见，非控股大股东退出博弈（*ET*）的系数在退出博弈强度高组为0.071，在1%的水平显著为正；由列（4）可见，其系数在退出博弈强度低组不显著，说明非控股大股东退出博弈强度更高时，即管理层薪酬对股价敏感性更高的情况下，非控股大股东退出博弈会对实业投资产生更显著的影响。

表4–5的结果证实了前文的理论分析，非控股大股东退出博弈在退出博弈可信性高和退出博弈强度高的企业中，显著增加了企业实业投资水平，这进一步说明当非控股大股东

退出博弈对控股股东和管理层的切身利益影响更大、更可信时，其退出博弈对实业投资的影响也更明显（见表4-5）。

表4-5 退出博弈可信性与退出强度影响的回归结果

| 变量 | 退出博弈可信性高 | 退出博弈可信性低 | 退出博弈强度高 | 退出博弈强度低 |
|---|---|---|---|---|
| | (1) | (2) | (3) | (4) |
| | *IndInv* | *IndInv* | *IndInv* | *IndInv* |
| *ET* | 0.106*** | 0.014 | 0.071*** | 0.021 |
| | (4.25) | (0.58) | (3.14) | (0.81) |
| *Size* | 0.001*** | 0.001** | 0.001** | 0.001*** |
| | (3.29) | (2.36) | (2.02) | (4.26) |
| *Lev* | −0.000 | 0.000 | 0.000 | 0.000 |
| | (−0.16) | (0.73) | (0.26) | (1.61) |
| *Roa* | 0.004*** | 0.002*** | 0.018*** | 0.003*** |
| | (3.70) | (4.12) | (9.73) | (6.31) |
| *Cash* | 0.022*** | 0.022*** | 0.020*** | 0.019*** |
| | (7.85) | (8.94) | (8.12) | (6.51) |
| *Taturn* | 0.000 | 0.001* | 0.000 | 0.000 |
| | (0.56) | (1.68) | (0.62) | (0.46) |
| *Cfo* | 0.013*** | 0.019*** | 0.003 | 0.034*** |
| | (4.81) | (5.10) | (1.06) | (9.29) |
| *Growth* | −0.000 | 0.000 | 0.000* | 0.000 |
| | (−0.13) | (1.24) | (1.74) | (1.20) |
| *Top*1 | 0.010*** | 0.008*** | 0.007*** | 0.002 |
| | (2.67) | (3.38) | (2.71) | (0.89) |
| *Roe* | −0.000 | 0.000 | −0.000*** | 0.000 |
| | (−1.64) | (0.95) | (−6.51) | (0.86) |
| *Age* | −0.011*** | −0.009*** | −0.012*** | −0.006*** |
| | (−14.53) | (−14.41) | (−19.15) | (−8.11) |

续表

| 变量 | 退出博弈可信性高 | 退出博弈可信性低 | 退出博弈强度高 | 退出博弈强度低 |
|---|---|---|---|---|
| | (1) | (2) | (3) | (4) |
| | *IndInv* | *IndInv* | *IndInv* | *IndInv* |
| *State* | 0.002** | 0.002** | 0.000 | 0.003*** |
| | (2.04) | (2.57) | (0.42) | (3.67) |
| *Bods* | −0.000 | −0.004** | −0.000 | −0.004** |
| | (−0.16) | (−2.57) | (−0.22) | (−2.42) |
| *Dir* | −0.015** | −0.003 | −0.011** | −0.006 |
| | (−2.52) | (−0.70) | (−1.99) | (−1.19) |
| *Sups* | 0.001 | 0.000 | 0.001 | 0.000 |
| | (0.50) | (0.13) | (0.95) | (0.08) |
| *Dual* | 0.002* | 0.001 | 0.001 | 0.001* |
| | (1.94) | (1.07) | (1.44) | (1.69) |
| *Constant* | 0.029*** | 0.032*** | 0.037*** | 0.011 |
| | (3.44) | (4.54) | (3.81) | (1.50) |
| *IndustryFE* | *Yes* | *Yes* | *Yes* | *Yes* |
| *YearFE* | *Yes* | *Yes* | *Yes* | *Yes* |
| *N* | 14790 | 16423 | 15534 | 15679 |
| *R-squared* | 0.058 | 0.051 | 0.079 | 0.034 |

## 4.5　机制检验：基于企业治理视角

前文证明了非控股大股东退出博弈对实业投资具有显著影响，为了进一步厘清非控股大股东退出博弈对实业投资的影响机制，本节在前文理论分析和实证结果的基础上，分析非控股大股东退出博弈影响实业投资水平的路径机制。

### 4.5.1 非控股大股东退出博弈、代理成本与实业投资

非控股大股东之所以能够提高实业投资，在于其退出博弈影响了控股股东和管理层的投资资金、治理水平、投资意愿，由于非控股大股东退出对控股股东和管理层可能造成的严重负面影响，使他们在受到非控股大股东退出博弈时会权衡机会主义成本和私有收益，从而达到缓解控股股东和代理问题的作用，企业的治理水平和投资活力得到提高，控股股东和管理层会考虑通过提高投资水平增强非控股大股东的信心。因此本书预期，代理问题作为影响投资水平的重要机制，在非控股大股东退出博弈与企业实业投资之间发挥了中介作用。

基于以上分析，本书构建了下列模型探究代理问题的中介作用，模型（4–6）和模型（4–7）验证代理成本是否在非控股大股东退出博弈对实业投资的影响中发挥了中介作用，其中，代理成本分为第一类代理成本和第二类代理成本，以企业中管理费用和销售费用的和占主营业务收入的比例衡量第一类代理成本AC1（Singh等，2003），以其他应收款净额占期末总资产的比例衡量第二类代理成本 AC2（姜国华等，2005）。

$$AC1/AC2_{i,t}=\alpha_0+\alpha_1 ET_{i,t}+\alpha_2 Controls_{i,t}+\Sigma Year\ FE+\Sigma IndustryFE+\varepsilon_{i,t} \quad (4–6)$$

$$IndInv_{i,t}=\alpha_0+\alpha_1 ET_{i,t}+\alpha_1 AC1/AC2_{i,t}+\alpha_3 Controls_{i,t}+\Sigma Year\ FE+\Sigma IndustryFE+\varepsilon_{i,t} \quad (4–7)$$

表4–6为中介变量代理成本的机制检验结果，由列（1）、（2）可见，非控股大股东退出博弈（*ET*）与中介变量第一类代理成本（*AC*1）在10%的水平显著负相关，其系数为–0.067。在列（2）加入中介变量第一类代理成本（*AC*1）后，非控股大股东退出博弈（*ET*）的系数为0.064，在1%的水平显著为正；第一类代理成本（*AC*1）对企业实业投资的影响系数为–0.023，在1%的水平显著为负，说明第一类代理成本在非控股大股东退出博弈对企业实业投资的影响中发挥了部分中介作用。由列（3）（4）可见，非控股大股东退出博弈（*ET*）与中介变量第二类代理成本（*AC*2）在10%的水平显著负相关，其系数为–0.027；在列（4）加入中介变量第二类代理成本（*AC*2）后，非控股大股东退出博弈（*ET*）的系数为0.065，在1%的水平显著为正；第二类代理成本（*AC*2）对企业实业投资的影响系数为–0.027，也在1%的水平显著，说明第二类代理成本在非控股大股东退出博弈对企业实业投资的影响发挥了部分中介效应（见表4–6）。

表4-6　非控股大股东退出博弈与企业实业投资：代理成本机制分析

| 变量 | （1） | （2） | （3） | （4） |
| --- | --- | --- | --- | --- |
| | *AC*1 | *IndInv* | *AC*2 | *IndInv* |
| *ET* | −0.067* | 0.064*** | −0.027* | 0.065*** |
| | （−1.67） | （3.23） | （−1.79） | （3.28） |
| *AC*1 | | −0.023*** | | |
| | | （−8.11） | | |
| *AC*2 | | | | −0.027*** |
| | | | | （−3.55） |
| *Constant* | 0.549*** | 0.041*** | 0.036*** | 0.029*** |
| | （43.47） | （6.31） | （8.83） | （4.67） |
| *Controls* | *Yes* | *Yes* | *Yes* | *Yes* |
| *IndustryFE* | *Yes* | *Yes* | *Yes* | *Yes* |
| *YearFE* | *Yes* | *Yes* | *Yes* | *Yes* |
| *N* | 31213 | 31213 | 31213 | 31213 |
| *R−squared* | 0.305 | 0.052 | 0.082 | 0.051 |

### 4.5.2　非控股大股东退出博弈、信息披露质量与实业投资

非控股大股东由于处于相对信息劣势，对企业信息披露存在较高水平的需求，其退出博弈能够提高信息披露质量，使非控股大股东了解企业真实的实业投资水平，对控股股东和管理层的监督更加有效，同时，信息披露质量的提高使外部资本市场更便利地获取企业实业投资的信息，控股股东和管理层会提高实业投资向外部市场传递企业发展良好的信号。因此本书预期，非控股大股东退出博弈通过提高信息披露质量提升了实业投资水平。基于以上分析，本书验证信息披露质量的中介作用。

以*KV*指数模型为基础，该模型同时包含了强制性与自愿性信息披露的结果，股票交易量是投资者判断企业价值的重要指标之一，以投资者股票收益率对其依赖程度衡量信息披露质量，相较于因盈余管理等影响的会计指标来说客观性相对较强。同时，上市企业间的股票交易量差距较大，使得上市企业之间的比较存在偏差，因此借鉴翟光宇等的改进*KV*指数模型进行相关计算。其中，$P_t$、$Vol_t$分别为上市企业当日的收盘价与交易股数，$Vol_0$则表示平均交易量，以样本期间交易日的所有交易量除以交易天数，得到日均交易量。由于其为反向指标，为了便于理解，本书将*KV*指数取相反数衡量信息披露质量（*KVF*）。具体模型如下：

$$Ln|(P_t - P_{t-1})/P_{t-1}| = \lambda_0 + \lambda(Vol_t / Vol_0 - 1) + \varepsilon \quad (4\text{-}8)$$

$$KV = \lambda \times 10^6 \quad (4\text{-}9)$$

$$KVF = (-1) \times KV \quad (4\text{-}10)$$

本书构建模型（4–11）、模型（4–12）探究信息披露质量是否在非控股大股东退出博弈对企业实业投资的影响中发挥了中介作用，模型如下所示：

$$KVF_{i,t} = \alpha_0 + \alpha_1 ET_{i,t} + \alpha_2 Controls_{i,t} + \sum Year\ FE + \sum IndustryFE + \varepsilon_{i,t} \quad (4\text{-}11)$$

$$IndInv_{i,t} = \alpha_0 + \alpha_1 ET_{i,t} + \alpha_2 KVF_{i,t} + \alpha_3 Controls_{i,t} + Year + Industry + \varepsilon_{i,t} \quad (4\text{-}12)$$

结果如表4–7所示。由列（1）可见，非控股大股东退出博弈（*ET*）的系数为0.224，在1%的水平显著，说明退出博弈显著与信息披露质量正相关，由列（2）可见，在模型中加入*KVF*后，非控股大股东退出博弈（*ET*）与信息披露质量（*KVF*）的系数分别为0.069、0.022，分别在5%、1%的水平显著，证明了信息披露质量的部分中介效应成立，说明非控股大股东退出博弈通过提升信息披露质量，提升了实业投资（见表4–7）。

**表4–7 非控股大股东退出博弈与实业投资：信息披露质量机制分析**

| 变量 | （1） | （2） |
|---|---|---|
| | *KVF* | *IndInv* |
| *ET* | 0.224*** | 0.069** |
| | （2.93） | （2.20） |
| *KVF* | | 0.022*** |
| | | （9.09） |
| *Constant* | −0.384*** | 0.004 |
| | （−15.42） | （0.39） |
| *Controls* | *Yes* | *Yes* |
| *IndustryFE* | *Yes* | *Yes* |
| *YearFE* | *Yes* | *Yes* |
| *N* | 31213 | 31213 |
| *R*–*squared* | 0.202 | 0.124 |

接下来，借鉴已有研究，采用迭代路径的系统方程组进行路径分析，以前文的研究内容，构建以下模型检验代理问题和信息披露质量的路径机制。

$$IndInv_{i,t} = \beta_0 + \beta_1 ET_{i,t} + \beta_2 AC1_{i,t} + \beta_3 AC2_{i,t} + \beta_4 KVF_{i,t} + Controls_{i,t} + \sum Year\ FE + \sum IndustryFE + \varepsilon_{i,t} \tag{4-13}$$

$$AC1_{i,t} = \alpha_0 + \alpha_1 ET_{i,t} + \sum Year\ FE + \sum IndustryFE + \varepsilon_{i,t} \tag{4-14}$$

$$AC2_{i,t} = \gamma_0 + \gamma_1 ET_{i,t} + \sum Year\ FE + \sum IndustryFE + \varepsilon_{i,t} \tag{4-15}$$

$$KVF_{i,t} = \delta_0 + \delta_1 ET_{i,t} + \sum Year\ FE + \sum IndustryFE + \varepsilon_{i,t} \tag{4-16}$$

模型（4–13）包括中介变量以及解释变量非控股大股东退出博弈（*ET*）和实业投资（*IndInv*）。系数$\beta_1$是从非控股大股东退出博弈（*ET*）到实业投资（*IndInv*）的直接路径的大小，而路径系数$\alpha_1*\beta_1$（$\gamma_1*\beta_3$、$\delta_1*\beta_4$）则是通过第一类代理问题（第二类代理问题、信息披露质量）中介从非控股大股东退出博弈（*ET*）到实业投资（*IndInv*）的间接路径的大小，对影响的显著性使用Sobel检验进行估计。

表 4–8 为路径系数的相关结果。非控股大股东退出博弈（*ET*）到实业投资（*IndInv*）的直接路径显著为正。第一类代理问题的总中介路径系数 [*p*（*ET*,*AC*1）* *p*（*AC*1,*IndInv*）] 为 0.004，在 10% 的水平显著为正，这表明总体影响归因于第一类代理成本的比例约为 4%[0.004/（0.067+0.004+0.011+0.011）]。第二类代理问题的总中介路径系数 [*p*（*ET*,*AC*2）* *p*（*AC*2,*IndInv*）] 为 0.011，显著为正，这表明总体影响归因于第二类代理成本的比例约为 12%[0.004/（0.067+0.004+0.011+0.011）]。信息披露质量的总中介路径系数 [*p*（*ET*,*KVF*）* *p*（*KVF*,*IndInv*）] 为 0.011，显著为正，这表明总体影响归因于信息披露质量的比例约为 12%[0.011/（0.067+0.004+0.011+0.011）]。这与前文的结果基本一致，表明第二类代理问题和信息披露质量在非控股大股东退出博弈对实业投资的影响中发挥了更大的作用（见表 4–8）。

**表4–8　路径分析**

| 变量 | （1） |
| --- | --- |
| | *AC*1 |
| 直接路径 | |
| $p$（*ET*,*IndInv*）=$\beta_1$ | 0.067 |
| | （0.033）** |

续表

| 变量 | (1) |
|---|---|
| | $AC1$ |
| 第一类代理成本中介路径 | |
| $p(ET,AC1)=\alpha_1$ | −0.246 |
| | (−0.000)*** |
| $p(AC1,IndInv)=\beta_2$ | −0.015 |
| | (−0.001)*** |
| 第一类代理成本总中介路径（$=\alpha_1*\beta_2$） | 0.004 |
| | (0.096)* |
| 第二类代理成本中介路径 | |
| $p(ET,AC2)=\gamma_1$ | −0.065 |
| | (−0.000)*** |
| $p(AC2,IndInv)=\beta_3$ | −0.164 |
| | (−0.000)*** |
| 第二类代理成本总中介路径（$=\gamma_1*\beta_3$） | 0.011 |
| | (0.000)*** |
| 信息披露质量中介路径 | |
| $p(ET,KVF)=\delta_1$ | 0.504 |
| | (0.000)*** |
| $p(KVF,IndInv)=\beta_4$ | 0.022 |
| | (0.000)*** |
| 信息披露质量总中介路径（$=\delta_1*\beta_4$） | 0.011 |
| | (0.088)* |
| *Controls* | *Yes* |
| *N* | 31213 |

注：表中括号内为 P 值。

# 4.6 进一步检验

## 4.6.1 基于高管自利动机替代解释的检验

本节分析非控股大股东退出博弈与企业投资决策正相关关系的其他解释。前文验证了非控股大股东退出博弈能够发挥治理效应和信息效应，通过抑制代理问题、提高信息披露质量从而增加实业投资，然而，二者正相关关系的另一种可能的解释为：非控股大股东关注企业长期稳定的发展而通过退出博弈表达稳步提升实业投资的诉求，而管理层出于规模扩张的自利动机会扩大实业投资规模，当其受到非控股大股东退出博弈，在满足自身规模扩张需要的同时迎合了非控股大股东的诉求，导致实业投资规模增加，即实业投资的提升可能是由于管理层的自利动机导致的，而非受到非控股大股东退出博弈治理作用的影响。为此，将非控股大股东退出博弈与管理者自利行为同时置于模型（4–4）中，检验其对实业投资的影响。

本书以货币性及非货币性私有收益两种方式衡量管理者自利倾向，其值越大，说明管理者的自利动机越强。货币性私有收益以非正常薪酬水平衡量，首先利用模型（4–17）根据企业具体情况估计正常薪酬水平，然后计算实际薪酬与其差额，所得即为货币性私有收益（*Unpay*）。

$$Lnpay_{i,t}=\alpha_0+\alpha_1 Size_{i,t}+\alpha_2 Roa_{i,t}+\alpha_3 Roa_{i,t-1}+\alpha_4 Areawage_{i,t}+\alpha_5 Central_{i,t}+\alpha_6 Wset_{i,t}+Year+Industry+\varepsilon_{i,t} \tag{4–17}$$

其中，$Size_{i,t}$与$Roa_{i,t}$的衡量方式与前文控制变量中一致，$Areawage_{i,t}$为企业所在地城镇平均工资，$Central_{i,t}$和$Wset_{i,t}$均为企业所在地区的虚拟变量，分别表示为中部、西部地区。

非货币性私有收益以超额在职消费衡量，首先，根据模型（4–18）预期在职消费的正常水平，用实际在职消费与预期结果的差额作为非货币性私有收益结果（UnPerks）。

$$\frac{Perks_{i,t}}{Asset_{i,t-1}}=\alpha_0+\beta_1\frac{1}{Asset_{i,t-1}}+\beta_2\frac{\Delta sale_{i,t}}{Asset_{i,t-1}}+\beta_3\frac{PPE_{i,t}}{Asset_{i,t-1}}+\beta_4\frac{Inventory_{i,t}}{Asset_{i,t-1}}+\beta_5 LnEmployee_{i,t}+\varepsilon_{i,t} \tag{4–18}$$

其中，$Perks_{i,t}$表示高管在职消费，使用扣除坏账准备等管理费用中不属于在职消费的金额衡量，$Asset_{i,t-1}$表示期末总资产，$\Delta sale_{i,t}$为主营业务收入变动额，$PPE_{i,t}$为固定资产净值，$Inventory_{i,t}$表示存货总额，$LnEmployee_{i,t}$表示员工总数取对数的结果。

表4–9是基于高管自利动机替代解释的检验结果，由列（1）可见，同时考虑非控股大股东退出博弈与货币性私有收益对实业投资的影响，非控股大股东退出博弈的系数为

0.068，在1%的水平显著，而货币性私有收益（*UnPay*）的系数不显著，表明实业投资的增加并不是由高管的货币收益动机导致的；由列（2）可见，同时考虑非控股大股东退出博弈与货币性私有收益对实业投资的影响，非控股大股东退出博弈的系数为0.032，在10%的水平显著，而非货币性私有收益（*UnPerks*）的系数不显著，表明高管的非货币收益动机对实业投资并未产生显著影响。表4-9的整体结果进一步验证了前文的内容，同时排除了高管自利动机的替代解释（见表4-9）。

**表4-9　非控股大股东退出博弈与实业投资：基于高管自利动机的检验**

| 变量 | （1） | （2） |
| --- | --- | --- |
| | *IndInv* | *IndInv* |
| *ET* | 0.068*** | 0.032* |
| | （3.39） | （1.65） |
| *UnPay* | 0.001 | |
| | （1.21） | |
| *UnPerks* | | 0.014 |
| | | （1.20） |
| *Constant* | 0.026*** | 0.060*** |
| | （4.11） | （9.65） |
| *Controls* | *Yes* | *Yes* |
| *IndustryFE* | *Yes* | *Yes* |
| *YearFE* | *Yes* | *Yes* |
| *N* | 31016 | 28163 |
| *R-squared* | 0.051 | 0.167 |

注：相关变量的计算问题导致样本量与前文存在差异。

## 4.6.2　基于外部监督与行业发展的检验

### 4.6.2.1　分析师关注、非控股大股东退出博弈与实业投资

分析师在市场中具有重要的信息传递作用，能够利用专业优势对管理层产生约束作用，监督管理层的机会主义行为，缓解企业代理问题，从而降低企业融资约束，发挥积极的治理作用。当跟踪上市企业的分析师数量越多时，产生的外部治理作用就越大，信息使用者能够获得的信息就越充分，这加剧了盈余操纵的风险，企业也会因此减少盈余管理行

为。而当分析师关注人数较少时，企业代理问题导致的机会主义行为就会更加突出，就会严重挤占企业投资的资金，因此，非控股大股东退出博弈在分析师关注少时对实业投资的影响更显著。

分析师追踪人数的行业年度中位数将样本分为分析师关注多、少两组，回归结果见表4–10前两列。由列（1）可见，非控股大股东退出博弈（*ET*）在分析师关注多组的系数不显著；由列（2）可见，在分析师关注少组的系数为0.037，在10%的水平上显著，结果证实，非控股大股东的退出博弈在分析师关注少的企业中对投资结构治理效应更强，显著提升了企业实业投资。该结果进一步说明从企业监督的角度来看，分析师监督与内部非控股大股东退出博弈的监督效应具有相互替代的作用。

#### 4.6.2.2　行业竞争程度、非控股大股东退出博弈与实业投资

行业竞争程度影响了非控股大股东的退出博弈动机与企业投资选择。不同行业的竞争程度和发展特征存在很大差异，企业在不同行业中面临着差异化的竞争程度，其投资结构决策与信息获得成本会随之变动，这会对非控股大股东使用退出博弈的动机产生影响。一方面，在竞争激烈的行业环境中，企业为了维持自身发展，会将重点放在主营业务的投资当中，此时控股股东或管理层通过短期投资套利的动机相对较弱；另一方面，行业竞争水平的提升会促使企业为了阻碍新的竞争者进入而披露更多的公开信息，不仅能够有效地降低信息不对称水平和非控股大股东的监督成本，使其在充分了解企业信息的基础上发挥监督职能，促使企业在投资决策中注重企业的长期发展，推动实体投资水平的提高，而且在行业竞争导致信息透明度较高的情况下，削弱了管理者盈余管理、机会主义信息披露以及控股股东利用关联交易、担保等方式掏空企业的动机。当企业所处的行业竞争度较高时，对于非控股大股东而言，其能够及时获知企业的真实信息；对于企业而言，会提升实业投资水平。在此情况下，非控股大股东通常不会也不需要使用退出博弈的方式达到目标，因此，预期非控股大股东退出博弈对实业投资的影响在行业竞争度较低的环境中更大。

行业竞争程度通常用赫芬达尔指数进行衡量，但传统的赫芬达尔指数有一定的局限性，在特定的产业结构下，对于行业竞争程度的区分不够准确。因此，本书采用行业内销售额前五名的企业销售额占行业销售额之和的比例来度量行业竞争程度，该数值越大表明市场集中度越高、竞争程度越弱，反之越小则表明行业竞争程度越强，并按照行业年份中位数分为行业竞争程度强、弱两组。由表4–10列（3）可见，非控股大股东退出博弈的系数不显著；而由列（4）表明，非控股大股东退出博弈系数为0.111，在1%的水平上显著，结果表明相对于激烈的行业竞争程度，非控股大股东退出博弈对实业和金融投资的作用在行业竞争程度较弱的环境中更加有效。

#### 4.6.2.3 上市板块、非控股大股东退出博弈与实业投资

在我国，资本市场包括主板、中小板、创业板、科创板等，不同板块的上市企业有不同的特征，主板中的上市企业相对规模较大且发展较为成熟，其准入门槛较高而风险相对较小，创业板市场是高成长性企业的聚集地，其中的上市企业规模较小，大多处于成长期，科创板以科技创新企业为主，契合国家新型战略的要求，在此基础上进行技术创新，这类上市企业往往存在较大的不确定性。投资者投资选择的差异体现了各个板块上市企业股东的不同风险偏好，上市企业的特征也存在较大差异，因此，本书预期在不同板块的上市企业中，非控股大股东退出博弈对实业投资的影响存在差异。

将样本依据上市板块差异进行分类，样本分为主板、创业板和科创板三部分。由表4-10列（5）至列（7）可见，主板样本最多，为25369个，非控股大股东退出博弈的系数为0.045，在5%的水平显著，而创业板和科创板的样本分别为5730和114，非控股大股东退出博弈系数虽为正但不显著，结果说明在主板中非控股大股东退出博弈对实业投资能够产生显著的影响，而在创业板和科创板中，受限于企业规模和发展水平，非控股大股东退出博弈的影响有限，这表明非控股大股东退出博弈对实业投资的影响在不同板块的上市企业存在差异。

**表4-10 异质性检验结果**

| 变量 | 分析师关注多 | 分析师关注少 | 行业竞争程度较强 | 行业竞争程度较弱 | 主板 | 创业板 | 科创板 |
|---|---|---|---|---|---|---|---|
| | （1） | （2） | （3） | （4） | （5） | （6） | （7） |
| | *IndInv* | *IndInv* | *IndInv* | *IndInv* | *IndInv* | *IndInv* | *IndInv* |
| *ET* | 0.038 | 0.037* | 0.009 | 0.111*** | 0.045** | 0.036 | 0.025 |
| | （0.76） | （1.93） | （0.43） | （4.01） | （2.18） | （1.09） | （0.21） |
| *Constant* | 0.159*** | 0.025*** | 0.014* | 0.020** | 0.025*** | 0.063*** | 0.185 |
| | （10.61） | （3.36） | （1.94） | （2.47） | （4.40） | （3.23） | （1.61） |
| *Controls* | *Yes* | *Yes* | *Yes* | *Yes* | *Yes* | *Yes* | *Yes* |
| *IndustryFE* | *Yes* | *Yes* | *Yes* | *Yes* | *Yes* | *Yes* | *Yes* |
| *YearFE* | *Yes* | *Yes* | *Yes* | *Yes* | *Yes* | *Yes* | *Yes* |
| *N* | 14589 | 16624 | 16513 | 14700 | 25369 | 5730 | 114 |
| *R-squared* | 0.123 | 0.044 | 0.052 | 0.070 | 0.041 | 0.108 | 0.066 |

## 4.7　本章小结

本章以2010—2021年我国沪深A股上市企业为样本，探究了非控股大股东退出博弈对实业投资的影响。主要研究结论为：（1）非控股大股东退出博弈能够显著提升企业的实业投资，增加企业投资活力，这一结论在经过一系列内生性和稳健性检验后仍然显著。（2）从退出博弈角度来看，当退出博弈可信度更高、强度更大时，非控股大股东退出博弈的影响效应更显著。从非控股大股东其他治理方式来看，非控股大股东退出造成的影响是退出博弈产生作用的前提，其真实退出对实业投资具有显著的提升作用，同时，非控股大股东委派董监高的直接参与方式与其退出博弈具有相互替代的作用，当非控股大股东未能直接参与到企业投资决策时，其使用退出博弈的动机更强。从非控股大股东异质性来看，异质性非控股大股东退出博弈对实业投资影响存在显著差异，机构投资者、外资及长期战略型大股东的退出博弈对企业实业投资的影响更大。（3）作用机制检验结果表明，非控股大股东退出博弈通过缓解两类问题和提高信息披露质量从而提升企业实业投资。（4）考虑到外部监督与行业发展的差异化影响，非控股大股东退出博弈对企业实业投资的提升效应在分析师关注少和面临行业竞争程度更弱的上市企业中更显著。（5）上市企业减持管制政策会削弱非控股大股东退出博弈对实业投资的影响，而放松卖空管制政策强化了二者的关系。

基于以上研究结果，本章结论的政策启示在于：首先，非控股大股东为企业进一步提升企业治理水平提供了更多途径。不同于以往研究重点关注的控股股东和管理层的企业治理影响，非控股大股东对企业实业投资的显著作用以及对内部治理机制的影响，对于丰富企业治理方式，提高企业治理水平提供了新的思路和启示。其次，要创造充分发挥非控股大股东治理作用的内部环境。企业要进一步完善企业治理机制，持续优化股权结构改革，充分调动非控股大股东的积极性，保障其利用多种方式参与企业治理，提升企业实业投资。最后，推动非控股大股东的有效治理需要从宏观层面着力。实业投资对于我国经济发展来说非常重要，而非控股大股东退出博弈对企业实业投资产生了显著的影响，而其影响在不同的外部环境中存在很大差异，为了充分发挥非控股大股东对实业投资的积极作用，需要完善外部政府监督、法律保护等，从而进一步推动实业投资提升，为我国市场经济的发展增添活力。

# 第 5 章

# 非控股大股东退出博弈与金融投资

## 5.1 问题提出

近年来，随着我国资本市场的迅速发展以及经济金融化趋势的日益凸显，特别是在2010年之后上升趋势越发明显，诸多上市企业基于金融逐利动机而将大量资产投资于金融、房地产业，上市企业金融资产投资亦呈现出加速扩张的趋势，导致我国金融虚拟经济过热，实体经济“金融化”现象突出。非金融企业的金融化倾向引致了较高的财务风险等，上市企业的金融化依赖降低了企业的核心竞争力，同时加剧了企业面临的风险，导致企业未来业绩下降、市场资源错配等一系列负面影响，由此可见，如何抑制我国上市企业过热的金融投资是一个亟待解决的重要问题。

企业投资结构从根本上讲是一个企业治理问题，故影响企业金融投资的治理机制逐步成为研究重点。近年来，学者们从宏观微观层面探究了企业金融投资的影响因素。在金融投资方面，产业政策会加剧企业金融化，而经济不确定性则会显著抑制企业的金融化，此外，高管背景、企业战略、多个大股东等企业微观环境是影响金融投资的重要因素。

退出博弈是股东治理的重要方式之一，也逐渐受到人们的认可和关注。我国一股独大的现状导致控股股东在上市企业的投资决策中具有绝对决策权，因此，管理层的决策也在很大程度上反映控股股东的意志，从而利用投资决策权牟取私利，选择大量的金融投资，忽略实体投资，不利于企业的高质量发展，大股东退出博弈就为解决该问题提供了新的思路。大股东能够有效发挥监督功能，但由于类型、地位和追求的目标不同，其治理作用亦存在一定差异。因此，现有研究并不能精确呈现或描述非控股大股东退出博弈的治理效应，对那些处于新兴/转轨的国家/地区，股权结构更为复杂、治理机制更为多变的企业而言更是如此。目前，我国一些学者对该领域进行了有益探索，发现非控股大股东退出博弈能够显著降低企业代理成本、抑制企业过度投资、促进企业创新、提升企业并购绩效，并且对出口产品质量以及财务报告质量具有提升作用，但也有学者发现非控股大股东是将退出作为其与控股股东和管理层博弈的筹码，其会更重视短期利益。

非控股大股东有动机和能力影响金融投资，同时，其退出博弈作为股东治理的重要内容，能够对企业金融投资产生显著影响。从国内现有文献来看，许泱等发现非控股大股东退出博弈加剧了实体企业“脱实向虚”，而余怒涛等则证实非控股大股东能够有效抑制企业基于套利动机进行的金融投资，且主要是通过退出博弈实现的。不难发现，上述研究不仅在结论上存在分歧，而且欠缺对非控股大股东退出博弈影响金融投资作用机制的深入讨论。基于上述分析，本章以2010—2021年我国沪深A股上市企业为样本，深入探究非控股大股东退出博弈对企业金融投资的影响。研究发现，非控股大股东退出博弈能够抑制企业金融投资，退出博弈程度、非控股大股东主体其他治理方式及持股主体对金融投资具有差异化的影响。基于企业治理视角，非控股大股东退出博弈主要通过影响代理问题和信息披露质量从而抑制金融投资，此外，基于金融资产配置结构、市场环境变化与外生政策冲击进行检验。

本章可能存在的差异化贡献在于：（1）以非控股大股东退出博弈的视角探究其影响，是对股东参与企业相关研究的有益拓展。本章从非控股大股东的角度出发，验证了其退出博弈显著的治理作用，并考察了不同持股主体的非控股大股东退出博弈的差异化影响，对进一步发挥非控股大股东积极的企业治理作用提供了经验证据。（2）丰富了企业金融投资的影响因素研究。以往关于非控股大股东对企业金融投资的影响存在分歧。（3）本章从两类代理冲突、信息披露质量的企业治理视角考虑，揭示了非控股大股东退出博弈对企业金融投资的影响机制，从实践来看，以金融投资为后果揭示了非控股大股东发挥治理效应的环境条件，考察了我国上市企业持股相关管制政策的影响，推动了优化企业投资机构的宏观微观互动研究，对抑制实体企业脱实向虚具有实际意义。

## 5.2　理论分析与研究假设

金融投资是投资结构的重要组成部分。根据资源基础理论，企业用于投资的资金在一定条件下是有限的，在此情况下，有限的现金资源会使企业为了实现盈利目标在实业投资和金融投资之间进行权衡。退出博弈作为股东参与企业治理的手段之一，其实质是介于直接参与和直接退出之间的一种博弈方式，即由非控股股东个体或其联合组成的团体，通过威慑性手段与企业管理层或控股股东进行博弈，进而达到维护自身利益、监督企业治理机制的作用。非控股大股东人数相对较少且持股比例相对较高，其利益与企业投资结构选择息息相关，当采用直接参与方式无法达到目的又不想直接退出时，其有动机使用退出博弈影响企业治理和决策；同时，他们又能够以较低的成本达成合作，故一旦共同退出，就会对企业造成较大的负面影响。此外，股权分置改革与市值管理制度的发展亦间接增强了其合作退出的便利性，其有能力通过退出博弈影响企业的金融投资。非控股大股东退出博弈对企业金融投资的影响效应取决于非控股大股东与控股股东和管理层间的博弈结果，由于非控股大股东与控股股东和管理层之间立场、目标等方面存在差异，以及非控股大股东作为非完全理性的经济人，其退出博弈可能产生监督治理效应或压力短视效应两种不同的结果，从而会对企业金融投资产生差异化影响。

退出博弈能够对企业产生监督治理效应从而影响企业金融投资,其有以下两方面原因。

第一，非控股大股东退出博弈能够缓解代理问题，从而影响企业金融投资。从委托代理理论来看，控股股东和管理层相对非控股大股东而言在企业决策治理、日常信息获取等方面均具有优势，有动机利用其在委托代理关系中的相对优势攫取私利。非控股大股东更加关注自身长期利益，能够使用退出博弈的方式缓解企业的代理问题。控股股东持股比例较高且具有难以分散的风险，管理层薪酬对股价存在一定敏感性，非控股大股东一旦退出，会通过相关减持文件披露，导致资本市场认为这传递了企业价值降低的“信号”，引致企业股票被集中抛售，加剧股价崩盘风险，导致控股股东和管理层的财富大量缩水，增加控股股东的控制权转移风险，甚至造成高管强制变更，退出博弈由此对代理问题产生抑制作用。从金融投资角度来看，退出博弈的监督治理效应能够抑制企业金融化水平，股东的短期金融套利和管理层的盈余管理是引致较高金融化水平的重要动因，因此，企业的金融化水平不可避免地受到委托代理问题的影响。而非控股大股东通过实施退出博弈，以影响管理层声誉薪酬及控股股东财富的方式引起管理层及控股股东的重视，综上所述，非控股大股东退出博弈能够抑制控股股东和管理层因代理问题谋求私利而导致的过度金融化情况。

第二，非控股大股东退出博弈有助于加强企业治理，提升信息质量，使非控股大股东充分了解企业真实的投资结构，从而对企业金融投资决策进行治理和干预。控股股东和管理层为了利用金融投资的短期投机性牟取私利，有动机利用信息优势隐瞒企业的相关信息，甚至利用盈余管理进行信息操纵，而非控股大股东通常持股时间较长，更为关注自身的长期收益，会更加仔细甄别与解读企业披露的信息。非控股大股东退出博弈对企业代理成本的抑制作用能够促使控股股东和高管加强企业治理，减少盈余管理行为，增强企业信息披露的及时性和可靠性，使非控股大股东了解企业真正的金融投资动态。廖静和刘星以非控股大股东中的稳定机构投资者为研究对象，实证研究发现稳定性机构投资者利用退出博弈能够显著提高企业信息质量，伴随着非控股大股东退出博弈对信息质量的提升，非控股大股东在监督过程中能够发觉企业的过度金融投资行为，在过度金融资产配置损害企业的长远利益时，非控股大股东有更强的动机进行监督干预，抑制金融化水平。

从金融投资的特征来看，金融资本具有投机性、高风险性、虚拟性和流动性的特点，金融资产配置过高加剧了企业的不稳定性，而非控股大股东注重企业长期利益与稳定发展，同时，非控股大股东作为知情的内部人，其内部消息可能会引起其他投资者的关注，在行业甚至外部资本市场扩散，产生“羊群效应”，控股股东和管理层慑于非控股大股东退出对自身的负面影响，会通过减少金融投资向非控股大股东传递“信任”的信号，即降低金融化水平向其“示弱”，以降低企业和自身面临的风险。

基于此，本书提出如下假设。

假设5-1a：非控股大股东退出博弈抑制了企业金融投资。

非控股大股东退出博弈使企业产生压力短视效应从而影响企业金融投资，其有以下两方面原因。

第一，非控股大股东退出博弈增加了企业各方面的压力，可能导致控股股东和管理层的行为趋于僵化，这会对金融投资的动机产生重要影响。尽管非控股大股东退出博弈能够在一定程度上抑制管理层和控股股东攫取私有收益的行为，但面临严格的监督与退出博弈造成的风险，不仅可能会引致投资短视行为，还会导致投资行为的僵化，从而影响企业的金融投资。非控股大股东退出博弈给管理层带来了较大的业绩压力，这会增加回报迅速的金融投资水平。埃德蒙斯等的实证研究表明，管理层可能因害怕大股东退出而过度关注短期业绩并放弃企业长期发展机会，因为市场环境复杂多变，管理层即使努力工作可能也无法立刻体现在企业业绩中，因此，在短期无法提高企业业绩的情况下，管理层因声誉和行权获利等需求，可能会加剧投资短视行为，选择回报迅速但并不能使企业价值最大化的金融投资。

第二，控股股东和管理层面临非控股大股东退出博弈，为了个人私利选择合谋或忽视，将影响企业金融投资。一方面，根据迎合投资理论，理性的管理者存在跟随股票走势迎合非理性投资者的倾向，而非控股大股东作为非完全理性的投资者，其退出博弈是为了通过博弈维护并提升自身的利益。非控股大股东有动机利用退出博弈引致的管理者迎合行为在股价波动中获利而非促进选择更利于企业长远发展的投资结构，其可能会与控股股东和管理层合谋以获得更多的控制权私利，这加剧了企业金融化。非控股大股东利用其信息优势在股价最高点时退出从而获得了超额市场收益，其还可能与管理层进一步合谋，管理层配合大股东获取私利的行为，而大股东也会对管理层的机会主义行为放松监督，忽略对企业金融投资的监督，对企业金融化产生负面影响。另一方面，当控股股东和管理层认为向非控股大股东妥协的成本超出其退出可能带来的损失时，控股股东和管理层可能因个人私利忽视非控股大股东的诉求，选择使自身利益最大化的投资结构，进一步攫取私利，控股股东和管理层会增加金融投资。从金融投资的蓄水池效应来看，金融资产的短期流动性和变现能力更强，在一定程度上能够为企业的正常运转和其他投资积蓄资金，控股股东和管理层在面临非控股大股东退出博弈与其进行协商谈判时，会增加金融投资以防范风险；从金融投资的逐利动机来看，即使面临非控股大股东退出博弈，控股股东和管理层仍然可能会为了私利忽视非控股大股东长期稳定发展的诉求而选择收益性更高的金融投资，同时，当企业面临高额的融资成本时，会更倾向于进行金融投资。

综上所述，笔者认为非控股大股东退出博弈会造成投资结构发生扭曲，对控股股东和管理层施加较大压力，导致其行为趋于短视，增加融资约束风险和预期资本成本，从而增加企业的金融投资。

基于此，本书提出如下假设。

假设5-1b：非控股大股东退出博弈扩大了企业金融投资规模。

# 5.3 研究设计

## 5.3.1 样本选择

本书选取2010—2021年我国沪深A股上市企业为样本，之所以选择2010年以后的样本，是因为我国新会计准则颁布实施后上市企业开始更为完整地计量与披露各类金融资产，之前的数据缺失较为严重，同时为了减弱2008—2009年全球金融危机的影响。

## 5.3.2 变量定义与模型设立

### 5.3.2.1 变量定义

与主流研究基本一致，本书以企业持有的金融资产比例来度量金融化程度，即金融化程度（*Fin*）的计算公式为：

*Fin*=[（交易性金融资产+衍生金融资产+发放贷款及垫款净额+可供出售金融资产净额+持有至到期投资净额+投资性房地产净额）/总资产]×100%。（5-1）

### 5.3.2.2 模型设立

为了检验本书的假设，构建如下模型：

$$Fin_{i,t}=\alpha_0+\alpha_1 ET_{i,t}+\alpha_2 Controls_{i,t}+\Sigma Year\ FE+\Sigma IndustryFE+\varepsilon_{i,t} \quad (5-2)$$

其中，$Fin_{i,t}$为$i$企业在$t$年的金融投资，$ET_{i,t}$为$i$企业在$t$年的非控股大股东退出博弈，同时，控制了年度固定效应和行业固定效应。在模型（5-2）中，被解释变量为$Fin_{i,t}$，若系数$\alpha_1$显著为负，则证明假说5-1*a*成立，即非控股大股东退出博弈能够抑制企业的金融投资；反之，若系数$\alpha_1$显著为正，则证明假说5-1*b*成立，即非控股大股东退出博弈会增加企业的金融投资。

# 5.4 实证结果

## 5.4.1 描述性统计

表5-1报告了主要变量的描述性统计结果。金融投资（*Fin*）的均值和标准差分别为0.048和0.100，最小值和最大值分别为0.000和0.579，金融投资（*Fin*）的均值为4.8%，最大值达到57.9%，说明我国上市企业间的金融化水平存在较大差异，而均值与中位数的差异（右偏）表明我国上市企业的金融化水平普遍较高，很多企业配置了大量金融资产，这与已有研究基本一致。结合第四章统计结果可知，相较于金融投资，上市企业的实业投资相对较低，金融化的现象在我国的上市企业中较为普遍，而对于实业投资的热度不高。由非控股大股东退出博弈（*ET*）的均值（–0.008）及标准差（0.015）可知，退出博弈普遍存在且存在明显的企业间差异。其他控制变量的描述性统计结果与已有研究基本一致，均在合理范围内（见表5–1）。

表5–1　描述性统计结果

| 变量名 | 样本量 | 均值 | 标准差 | 最小值 | 25分位 | 中值 | 75分位 | 最大值 |
|---|---|---|---|---|---|---|---|---|
| *Fin* | 31213 | 0.048 | 0.100 | 0.000 | 0.000 | 0.007 | 0.043 | 0.579 |
| *ET* | 31213 | −0.008 | 0.015 | −0.330 | −0.010 | −0.000 | −0.000 | −0.000 |
| *Size* | 31213 | 22.212 | 1.474 | 19.522 | 21.180 | 21.975 | 22.956 | 27.387 |
| *Lev* | 31213 | 0.440 | 0.220 | 0.050 | 0.265 | 0.430 | 0.600 | 0.957 |
| *Roa* | 31213 | 0.034 | 0.070 | −0.332 | 0.013 | 0.036 | 0.066 | 0.200 |
| *Cash* | 31213 | 0.185 | 0.138 | 0.004 | 0.089 | 0.147 | 0.241 | 0.680 |
| *Taturn* | 31213 | 0.595 | 0.426 | 0.000 | 0.324 | 0.506 | 0.743 | 2.502 |
| *Cfo* | 31213 | 0.042 | 0.072 | −0.197 | 0.004 | 0.043 | 0.084 | 0.241 |
| *Growth* | 31213 | 0.171 | 0.450 | −0.608 | −0.011 | 0.089 | 0.259 | 2.966 |
| *Top*1 | 31213 | 0.337 | 0.145 | 0.0950 | 0.224 | 0.313 | 0.432 | 0.731 |
| *Roe* | 31213 | 0.051 | 0.176 | −1.104 | 0.029 | 0.069 | 0.115 | 0.423 |
| *Age* | 31213 | 2.528 | 0.633 | 0.000 | 2.303 | 2.565 | 3.091 | 3.434 |
| *State* | 31213 | 0.669 | 0.470 | 0.000 | 0.000 | 1.000 | 1.000 | 1.000 |
| *Bods* | 31213 | 2.210 | 0.250 | 0.000 | 2.079 | 2.197 | 2.303 | 3.258 |
| *Dir* | 31213 | 0.379 | 0.065 | 0.250 | 0.333 | 0.364 | 0.429 | 0.600 |

续表

| 变量名 | 样本量 | 均值 | 标准差 | 最小值 | 25分位 | 中值 | 75分位 | 最大值 |
|---|---|---|---|---|---|---|---|---|
| *Sups* | 31213 | 1.312 | 0.314 | 0.000 | 1.099 | 1.099 | 1.609 | 2.890 |
| *Dual* | 31213 | 0.298 | 0.457 | 0.000 | 0.000 | 0.000 | 1.000 | 1.000 |

## 5.4.2 非控股大股东退出博弈与金融投资回归分析

### 5.4.2.1 非控股大股东退出博弈与金融投资回归结果

表5-2为非控股大股东退出博弈与企业金融投资回归结果。由列（1）可知，在加入控制变量前，非控股大股东退出博弈（*ET*）在1%的水平显著为负，其系数为-0.100；在加入控制变量后，非控股大股东退出博弈（*ET*）的显著性水平不变，其系数为-0.102，说明非控股大股东退出博弈与企业金融投资负相关。基本回归结果证明了假设5-1*a*，表明非控股大股东退出博弈抑制了企业金融投资（见表5-2）。

表5-2 非控股大股东退出博弈与金融投资回归结果

| 变量 | （1） | （2） |
|---|---|---|
| | *Fin* | *Fin* |
| *ET* | −0.100*** | −0.102*** |
| | （−2.82） | （−2.89） |
| *Size* | | 0.004*** |
| | | （9.71） |
| *Lev* | | −0.001 |
| | | （−1.28） |
| *Roa* | | 0.003*** |
| | | （3.26） |
| *Cash* | | −0.073*** |
| | | （−19.43） |
| *Taturn* | | −0.018*** |
| | | （−18.27） |
| *Cfo* | | 0.019*** |
| | | （4.32） |

续表

| 变量 | (1) | (2) |
|---|---|---|
| | *Fin* | *Fin* |
| *Growth* | | −0.000 |
| | | (−0.11) |
| *Top*1 | | −0.009** |
| | | (−2.34) |
| *Roe* | | −0.000 |
| | | (−0.48) |
| *Age* | | 0.001 |
| | | (1.19) |
| *State* | | 0.006*** |
| | | (4.34) |
| *Bods* | | −0.001 |
| | | (−0.42) |
| *Dir* | | 0.017** |
| | | (2.15) |
| *Sups* | | 0.013*** |
| | | (6.99) |
| *Dual* | | 0.000 |
| | | (0.08) |
| *Constant* | 0.011** | −0.069*** |
| | (2.34) | (−6.23) |
| *IndustryFE* | *Yes* | *Yes* |
| *YearFE* | *Yes* | *Yes* |
| *N* | 31213 | 31213 |
| *R−squared* | 0.309 | 0.331 |

### 5.4.2.2 退出博弈可信性与退出博弈强度的影响

#### 5.4.2.2.1 退出博弈可信性

非控股大股东退出博弈的治理作用与其可信性息息相关。非控股大股东的持股比例是其参与治理或退出企业动机和能力的根源所在。与控股股东相比，非控股大股东持股比例之和越多，其直接参与企业治理的动机和能力越强，退出博弈的可能性较低；当其持股比例之和相对于控股股东越少时，其退出的可能性就较积极参与企业治理的概率更大。余怒涛研究发现，退出博弈可信性越高，对财务报告质量的提升越有效。在前文结果的基础上，笔者认为退出博弈可信性越高，对金融投资会产生更显著的影响。研究以非控股大股东与控股股东持股比例之差的中位数为基准，将样本分为退出博弈可信性高（持股比例差较大）、低两组，检验退出可信度对退出博弈治理效应的影响差异，具体回归结果见表5-3。从表5-3列（1）（2）可以看出，非控股大股东退出博弈（*ET*）的系数在退出博弈可信性高组（大股东与控股股东持股差较大）为-0.162，在1%的水平显著为负；而其系数在退出博弈可信性低组虽为负但不显著，说明退出博弈的可信度越高，对企业金融投资水平的抑制作用越显著。由此可见，退出博弈的可信度越高，越能发挥治理效应，显著影响企业的金融投资。

#### 5.4.2.2.2 退出博弈强度

根据前文理论分析，非控股大股东退出博弈能够对管理者的私利行为和金融投资产生影响，而非控股大股东的退出强度，即对管理层的利益损害程度，是其退出博弈发挥多少影响的重要因素。若管理层仅对企业日常业务进行管理从而获取固定报酬，其关注股价的动机相对较弱，此时，非控股大股东退出博弈可能造成的股价不良反应对管理层的作用较为有限。目前我国上市企业为了缓解管理层的委托代理问题，除薪酬激励外越来越多地使用股权激励的方式，使管理层的利益与企业利益相联系，增强其薪酬对股价的敏感性，使其更加关注企业的发展。在此情况下，管理层个人利益与企业股价密切相关，作为内部信息知情者的大股东退出对股价的影响势必危及管理层的切身利益，此时退出博弈的强度更高，能够有效地发挥治理作用。因此，预期非控股大股东退出博弈在退出博弈强度更高的情况下对金融投资的影响更显著。计算管理层前三名薪酬总和与企业市值的比值，并根据中位数样本分为两组，即退出博弈强度高组和退出博弈强度低组，以此检验退出博弈强度对其治理效应的影响，回归结果见表 5-3。从表 5-3 列（3）（4）可以看出，非控股大股东退出博弈（*ET*）的强度会对企业金融投资产生显著不同的影响，其系数在退出博弈强度高组为 -1.734，在 1% 的水平显著为负，在退出博弈强度低组的系数为 -1.465，在 10% 的水平显著为负，表明退出博弈强度更高时，非控股大股东退出博弈抑制企业金融投资的效应更加明显（见表 5-3）。

表5-3　退出博弈可信性与管理层股价敏感性的异质性检验结果

| 变量 | 退出博弈可信性高 | 退出博弈可信性低 | 退出博弈强度高 | 退出博弈强度低 |
|---|---|---|---|---|
| | (1) | (2) | (3) | (4) |
| | *Fin* | *Fin* | *Fin* | *Fin* |
| *ET* | −0.162*** | −0.055 | −1.734*** | −1.465* |
| | (−3.29) | (−1.05) | (−2.87) | (−1.79) |
| *Size* | 0.002*** | 0.006*** | −0.100*** | −0.041*** |
| | (2.59) | (10.42) | (−9.37) | (−4.58) |
| *Lev* | −0.005*** | −0.000 | 0.106*** | −0.007 |
| | (−2.87) | (−0.05) | (5.46) | (−0.96) |
| *Roa* | −0.001 | 0.005*** | −0.412*** | −0.155*** |
| | (−0.59) | (4.79) | (−8.34) | (−10.23) |
| *Cash* | −0.077*** | −0.073*** | −0.877*** | −1.300*** |
| | (−14.15) | (−13.92) | (−13.41) | (−14.54) |
| *Taturn* | −0.017*** | −0.020*** | −0.181*** | −0.196*** |
| | (−11.41) | (−14.24) | (−9.80) | (−8.89) |
| *Cfo* | 0.011** | 0.043*** | −0.600*** | −2.022*** |
| | (2.07) | (5.30) | (−8.51) | (−17.38) |
| *Growth* | −0.000 | −0.000 | −0.004*** | −0.000 |
| | (−0.57) | (−0.00) | (−2.24) | (−0.57) |
| *Top*1 | −0.021*** | 0.002 | −0.465*** | −0.502*** |
| | (−2.93) | (0.39) | (−6.69) | (−6.72) |
| *Roe* | 0.000 | 0.000 | 0.013*** | −0.018*** |
| | (0.31) | (0.36) | (6.52) | (−3.93) |
| *Age* | 0.004*** | −0.001 | 0.309*** | 0.288*** |
| | (3.05) | (−0.44) | (17.96) | (12.65) |
| *State* | 0.007*** | 0.006*** | −0.075*** | −0.097*** |
| | (3.50) | (3.43) | (−2.89) | (−3.81) |

续表

| 变量 | 退出博弈可信性高 | 退出博弈可信性低 | 退出博弈强度高 | 退出博弈强度低 |
|---|---|---|---|---|
| | (1) | (2) | (3) | (4) |
| | *Fin* | *Fin* | *Fin* | *Fin* |
| *Bods* | −0.001 | −0.001 | 0.031 | 0.239*** |
| | (−0.30) | (−0.44) | (0.69) | (4.87) |
| *Dir* | 0.029** | 0.006 | 0.081 | 0.154 |
| | (2.46) | (0.56) | (0.53) | (0.97) |
| *Sups* | 0.014*** | 0.012*** | 0.050 | 0.050 |
| | (5.15) | (4.57) | (1.27) | (1.34) |
| *Dual* | 0.003 | −0.002 | 0.006 | 0.005 |
| | (1.53) | (−1.33) | (0.28) | (0.20) |
| *Constant* | −0.024 | −0.110*** | 1.336*** | −0.086 |
| | (−1.49) | (−7.34) | (5.14) | (−0.36) |
| *IndustryFE* | *Yes* | *Yes* | *Yes* | *Yes* |
| *YearFE* | *Yes* | *Yes* | *Yes* | *Yes* |
| *N* | 14790 | 16423 | 15534 | 15679 |
| *R-squared* | 0.333 | 0.339 | 0.124 | 0.151 |

## 5.5 机制检验：基于企业治理视角

前文证实了非控股大股东退出博弈能够抑制企业金融投资，为了进一步厘清非控股大股东退出博弈对企业金融投资的影响机制，根据前文理论分析与基本实证结果，本节基于代理成本和信息披露质量，分别分析非控股大股东退出博弈影响企业金融投资的路径机制。

### 5.5.1 非控股大股东退出博弈、代理成本与金融投资

非控股大股东退出对管理层和控股股东造成的不利影响，使其能够利用退出博弈引起

管理层及控股股东的重视，使投资结构得到改善，抑制金融投资。在金融投资方面，非控股大股东退出博弈能够减少控股股东和管理层的机会主义行为，抑制他们利用金融套利的动机。另外，通过缓解代理问题促使控股股东和管理层的决策更有利于企业长远发展，抑制企业金融化水平。

因此本书预期，非控股大股东退出博弈通过降低代理成本抑制了金融投资，提升了实业投资水平，与投资结构负相关。基于以上分析，本书构建了模型（5-3）、模型（5-4）分别探究代理成本是否在非控股大股东退出博弈对企业金融投资的影响中发挥了中介作用，其中，代理成本分为第一类代理成本和第二类代理成本，以企业中管理费用和销售费用的和占主营业务收入的比例衡量第一类代理成本*AC*1，以其他应收款净额占期末总资产的比例衡量第二类代理成本 *AC*2。

$$AC1/AC2_{i,t}=\alpha_0+\alpha_1 ET_{i,t}+\alpha_2 Controls_{i,t}+\Sigma Year\ FE+\Sigma IndustryFE+\varepsilon_{i,t} \quad (5\text{-}3)$$

$$Fin_{i,t}=\alpha_0+\alpha_1 ET_{i,t}+\alpha_2 AC1/AC2_{i,t}+\alpha_3 Controls_{i,t}+\Sigma Year\ FE+\Sigma IndustryFE+\varepsilon_{i,t} \quad (5\text{-}4)$$

结果如表5-4所示。由列（1）、（2）可见，退出博弈显著降低了第一类代理成本，在模型（5-2）中加入第一类代理成本（*AC*1）后，退出博弈的系数均显著，表明部分中介效应成立，而系数显著为负也证实了本书预期，说明非控股大股东退出博弈能通过缓解股东与管理层之间的代理问题使投资结构中的金融投资水平下降，由列（3）、（4）可见，非控股大股东退出博弈同样能够通过有效缓解第二类代理问题影响企业金融投资，且相关系数符号符合预期，部分中介效应成立，这也说明非控股大股东退出博弈能够通过降低第一类和第二类代理问题影响企业金融投资（见表5-4）。

**表5-5　非控股大股东退出博弈、代理成本与金融投资**

| 变量 | （1） | （2） | （3） | （4） |
|---|---|---|---|---|
| | *AC*1 | *Fin* | *AC*2 | *Fin* |
| *ET* | −0.067* | −0.105*** | −0.027* | −0.101*** |
| | （−1.67） | （−2.97） | （−1.79） | （−2.86） |
| *AC*1 | | 0.041*** | | |
| | | （8.28） | | |
| *AC*2 | | | | 0.091*** |
| | | | | （6.80） |
| *Constant* | 0.549*** | −0.097*** | 0.036*** | −0.070*** |
| | （43.47） | （−8.48） | （8.83） | （−6.32） |

续表

| 变量 | (1) | (2) | (3) | (4) |
|---|---|---|---|---|
| | *AC*1 | *Fin* | *AC*2 | *Fin* |
| *Controls* | *Yes* | *Yes* | *Yes* | *Yes* |
| *IndustryFE* | *Yes* | *Yes* | *Yes* | *Yes* |
| *YearFE* | *Yes* | *Yes* | *Yes* | *Yes* |
| *N* | 31213 | 31213 | 31213 | 31213 |
| *R-squared* | 0.305 | 0.332 | 0.082 | 0.332 |

### 5.5.2 非控股大股东退出博弈、信息披露质量与金融投资

非控股大股东对上市企业的信息披露质量特别关注，同时能够利用其退出博弈抑制企业的信息披露操纵行为，提高企业的信息披露质量，使非控股大股东能够及时了解企业金融投资的真实情况，从而能够利用退出博弈的方式进行干预，使企业作出利于其长期发展的投资决策。因此本书预期，非控股大股东退出博弈通过提高信息披露质量改善投资结构，抑制企业金融化倾向。

基于以上分析，本书验证信息披露质量的中介作用。以Kim和Verrecchia建立的*KV*指数模型为基础，该模型同时包含了强制性与自愿性信息披露的结果，股票交易量是投资者判断企业价值的重要指标之一，以投资者股票收益率对其依赖程度衡量信息披露质量，相较于因盈余管理等影响的会计指标而言客观性较强。同时，上市企业间的股票交易量差距较大，这使上市企业之间的比较存在偏差，因此借鉴翟光宇等的改进*KV*模型进行相关计算。其中，$P_t$、$Vol_t$分别为上市企业当日的收盘价与交易股数，$Vol_0$则表示平均交易量，以样本期间交易日的所有交易量除以交易天数，得到日均交易量。由于其为反向指标，为了便于理解，本书使用*KV*指数计算得出的相反数衡量信息披露质量（*KVF*）。具体模型如下：

$$Ln\left|\left(P_t - P_{t-1}\right)/P_{t-1}\right| = \lambda_0 + \lambda\left(Vol_t / Vol_0 - 1\right) + \varepsilon \qquad (5\text{-}5)$$

$$KV = \lambda \times 10^6 \qquad (5\text{-}6)$$

$$KVF = (-1) \times KV \qquad (5\text{-}7)$$

本书构建了模型（5–8）、模型（5–9）分别探究信息披露质量的中介作用，信息披露质量借鉴已有研究建立的*KV*指数模型进行衡量。具体模型如下：

$$KVF_{i,t} = \alpha_0 + \alpha_1 ET_{i,t} + \alpha_2 Controls_{i,t} + \sum Year\ FE + \sum IndustryFE + \varepsilon_{i,t} \quad (5\text{-}8)$$

$$Invcs_{i,t} = \alpha_0 + \alpha_1 ET_{i,t} + \alpha_2 KVF_{i,t} + \alpha_3 Controls_{i,t} + Year + Industry + \varepsilon_{i,t} \quad (5\text{-}9)$$

结果如表5-5所示。由列（1）可见，非控股大股东退出博弈的系数（*ET*）为0.224，在1%的水平显著为正，说明退出博弈显著提升了信息披露质量；由列（2）可见，在模型（5-2）中加入信息披露质量（*KVF*）后，非控股大股东退出博弈的系数与前文一致，信息披露质量（*KVF*）的系数也在1%的水平显著，为-0.352，表明部分中介效应成立，也证实了本书预期，说明非控股大股东退出博弈能够通过增加信息披露质量，进而抑制金融投资水平。

**表5-5　非控股大股东退出博弈、信息披露质量与金融投资**

| 变量 | （1） | （2） |
|---|---|---|
| | *KVF* | *Fin* |
| *ET* | $0.224^{***}$ | $-1.484^{***}$ |
| | （2.93） | （-2.82） |
| *KVF* | | $-0.352^{***}$ |
| | | （-8.56） |
| *Constant* | $-0.384^{***}$ | $0.828^{***}$ |
| | （-15.42） | （4.81） |
| *Controls* | *Yes* | *Yes* |
| *IndustryFE* | *Yes* | *Yes* |
| *YearFE* | *Yes* | *Yes* |
| *N* | 31213 | 31213 |
| *R-squared* | 0.202 | 0.096 |

## 5.6　进一步检验

前文证实了非控股大股东退出博弈对金融投资产生了抑制作用。目前，我国上市企业过度金融化问题日益突出，企业往往对其持有的短期金融资产进行展期，并对长期金融资产进行增持，而企业持有不同期限金融资产的动机并不一致。那么，非控股大股东退出博弈是如何影响不同期限金融资产从而优化企业投资结构的？通过验证非控股大股东退出博弈对不同期限金融资产的影响，可以更有效地识别非控股大股东退出博弈影响企业金融投资化的具体方式，对于进一步改善企业投资结构具有积极意义。由图5-1可见，短期金融资产比重长期维持在低位，而长期金融资产变动更为频繁且占比明显更高，这表明长期金融资产的配置变化是加剧我国上市企业金融化的重要原因。

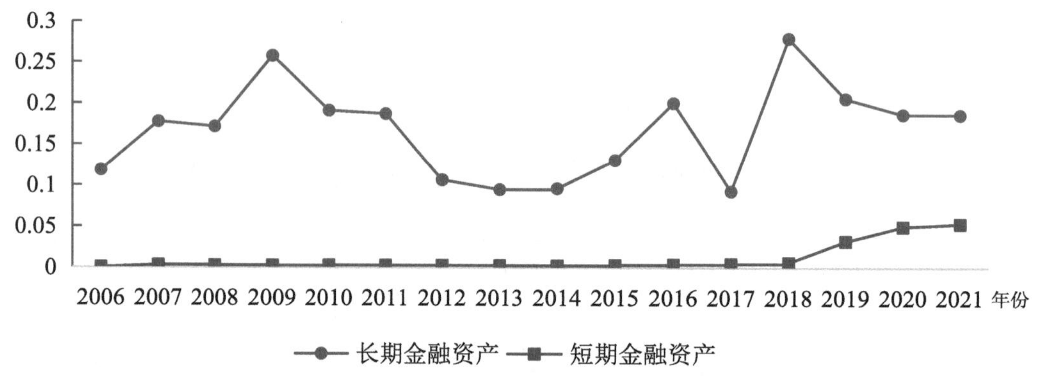


**图5-1 我国上市企业长短期金融资产配置结构的年度均值统计**

资料来源：根据我国上市企业年度财务报告计算整理。

当企业出于预防和储蓄的“蓄水池”动机时，企业会持有更多的短期金融资产，而追逐金融化的更高回报则会挤出主业而引发“投资替代”，此时企业倾向于持有更多的长期金融资产。企业发生“投资替代”而过度持有长期金融资产，主要是因为金融资产的回报率较高，且现有股权结构中理性大股东的制衡权弱化，而非控股大股东退出博弈对金融化的治理效应，主要体现在抑制长期金融资产的过度持有。

为检验非控股大股东退出博弈对金融资产配置结构的影响，本书根据金融资产的流动性将其分为短期和长期金融资产，其中，短期金融资产（*Short*）=交易性金融资产/资产总额，长期金融资产（*Long*）=（可供出售金融资产净额+持有至到期投资净额+发放贷款及垫款净额+衍生金融工具+长期股权投资+投资性房地产净额）/资产总额。由表5-6可见，非控股大股东退出博弈（*ET*）对短期金融资产影响系数虽为负，但在统计上不显著，而其与长期金融资产显著负相关，这表明非控股大股东退出博弈显著抑制了企业对表现为“投资替代”效应的长期金融资产的持有（见表5-6）。

表5-6　非控股大股东退出博弈与金融资产配置结构回归结果

| 变量 | （1） | （2） |
|---|---|---|
| | *Short* | *Long* |
| *ET* | −0.007 | −0.058*** |
| | （−0.20） | （−2.83） |
| *Constant* | −0.014 | 0.074*** |
| | （−1.35） | （11.51） |
| *Controls* | *Yes* | *Yes* |
| *IndustryFE* | *Yes* | *Yes* |
| *YearFE* | *Yes* | *Yes* |
| *N* | 31212 | 31212 |
| *R−squared* | 0.135 | 0.207 |

# 5.7　本章小结

本章以2010—2021年我国沪深A股上市企业为样本，探究了非控股大股东退出博弈对企业金融投资的影响。主要研究结论为:（1）非控股大股东退出博弈显著抑制了企业金融投资，经过一系列内生性和稳健性检验后该结果依旧成立。（2）从退出博弈可信性和退出强度看，退出博弈可信性更高、退出强度更高时，非控股大股东退出博弈对金融投资的抑制作用更显著。从非控股大股东其他治理方式来看，其退出对金融投资产生了显著影响，当非控股大股东直接参与时会抑制其退出博弈的动机。从非控股大股东异质性角度来看，机构投资者、外资以及长期战略型大股东退出博弈对金融投资产生了更显著的影响。（3）机制检验结果发现，非控股大股东退出博弈通过降低两类代理成本、提高信息披露质量从而影响企业金融投资。（4）进一步检验发现，非控股大股东退出博弈显著抑制了企业对表现为投资替代效应的长期金融资产的持有。基于市场环境变化，非控股大股东退出博弈在面临市场化发展水平较低和环境不确定性较大的上市企业中对企业金融投资产生了更明显的影响。基于我国外生政策冲击，上市企业减持管制政策削弱了非控股大股东退出博弈对企业金融投资的负相关关系，而放松卖空管制政策强化了非控股大股东退出博弈对企业金融投资的影响。

基于以上研究结果，本章结论的政策启示在于：首先，企业要重视非控股大股东的企业治理作用，进一步优化企业股权结构，推动股权结构合理、进退机制灵活的高质量企业的建立。以股权结构改革促进股权合理制衡，充分发挥非控股大股东积极的内部治理作用，以保障其知情权和参与权，从而优化企业金融投资。同时，加强企业内部对金融投资的监管，充分利用内部机构投资者大股东、外资大股东的积极作用防范企业脱实向虚，适时引入长期战略型大股东改善企业金融投资。其次，投资者要充分发挥主观能动性。传统参与企业治理的方式以直接参与为主，随着退出博弈作用机制的逐步体现，构成了有效治理企业过度金融化的一个可行路径，非控股大股东能够通过进行联合，使用退出博弈的方式维护自身利益，灵活采用多种企业治理方式参与企业的相关决策，对退出博弈方式的合理利用，在改善企业金融投资的同时，能够保障投资者的自身权益。最后，宏观政策方面要完善投资者保护，进一步推动市场化改革，促进股票市场的发展，非控股大股东退出博弈对于企业金融投资的显著性作用对于稳定市场发展具有积极意义，在宏观层面要充分地提供投资者参与企业治理的法治保障，关注影响企业金融投资的因素，营造良好的企业投资外部环境，促进经济高质量发展。

本章以投资结构中的金融投资为对象，在第四章实业投资的研究基础上，进一步探究非控股大股东退出博弈对金融投资的影响，发现其能够抑制金融投资。下面将在第六章以投资结构中的创新投资为研究对象，详细探究非控股大股东退出博弈与创新投资的关系。

# 第 6 章

# 非控股大股东退出博弈与创新投资

## 6.1 问题提出

创新对于我国宏观经济发展和微观企业竞争具有关键意义，创新投资不仅能够提升企业的竞争力和长期稳定发展，而且对于进一步推动我国经济转型发展具有积极作用。创新投资需要长期且大量的资金投入，同时，其在收益方面的不确定性导致投资存在较高风险，从而导致企业在进行创新投资时要权衡不同主体的诉求和利益。

作为影响企业长期发展的重要问题，如何促进企业创新投资受到学者们的关注。从宏观方面来看，环境不确定性抑制了企业创新投资，而当外部监管、法律环境越完善时，企业越会增加创新投资，同时，各项政策变动也对创新投资产生了显著影响，如税收优惠政策、社保基金委托投资制度、贷款利率市场化等均显著增加了企业创新投资。从微观方面来看，融资约束和金融错配是抑制企业金融投资的重要因素，当企业治理水平较高时，能够增加合作创新，创新投资显著增加。高管也是影响创新投资的因素之一，当其年龄较高、具有银行背景或内部薪酬差距较大时，会对创新投资产生不利影响，而高管薪酬黏性和其外部薪酬差距则对创新投资具有正面作用。

非控股大股东有动机和能力参与企业治理，退出博弈作为股东治理的重要内容，能够对企业投资结构产生显著影响。前文研究证明了非控股大股东退出博弈对实业和金融投资的显著影响，那么，其是否会影响企业创新投资？基于上述分析，本书以2010—2021年我国沪深A股上市企业为样本，主要研究发现非控股大股东退出博弈与企业创新投资是显著正相关关系，对企业创新投资具有长期影响，增加了企业创新产出。退出博弈程度、非控股大股东主体其他治理方式及持股主体产生了差异化的影响，基于企业治理视角，非控股大股东退出博弈主要通过影响代理问题和信息披露质量从而提升创新投资，此外，进一步考虑了市场与行业环境变化以及外生政策的影响。

本章可能存在的差异化贡献在于：（1）从非控股大股东退出博弈的视角探究其对创新投资的影响，丰富了对股东参与企业的相关研究以及退出博弈的研究框架。考虑了非控股大股东的主体差异性以及直接治理或退出对其退出博弈影响的不同，为进一步优化股权结构、充分发挥非控股大股东对企业创新的治理作用提供了相关依据。（2）从整体考虑创新投资和产出的变化，丰富了企业创新投资的影响因素研究。结合非控股大股东退出博弈的多方面视角，同时考虑了外部市场、行业、政策的影响，为创新投资的研究框架提供了新的经验证据和政策启示。（3）本章从企业治理的视角出发，揭示了非控股大股东退出博弈对企业创新投资的影响机制，同时，分析了非控股大股东发挥治理效应的外部环境机制，能够充分考虑行业市场环境发展以更好地促进企业创新投资，对于推动我国相关政策发展具有启示意义。

## 6.2　理论分析与研究假设

创新投资是企业确立竞争优势的必要途径，对于企业长远发展来说至关重要，而企业创新投资也存在长期性和风险性，使企业在进行创新投资时要考虑多方利益相关者的诉求和利益。非控股大股东退出博弈可能会通过代理监督、信息治理等对创新投资产生积极作用，也可能会因退出压力、潜在风险等因素导致创新投资下降，因此，笔者认为非控股大股东通过退出博弈，会对企业创新投资产生两方面影响。

非控股大股东有动机促进企业创新。相对于掌握控制权的控股股东和负责日常经营的管理层来说，非控股大股东处于信息劣势，对企业信息披露有较高的质量要求，由于非控股大股东持股较多，企业价值与其利益紧密相关，会更积极地参与企业治理，从而在弥补自身监督成本后获得额外收益，因此，非控股大股东有较强的动机促进企业价值提升以获得超额收益。创新对于企业来说，是维护市场地位、增强竞争力、提升竞争优势的强大动力，是企业价值持续增长的源泉，是企业长远发展不可或缺的重要投资。同时，企业的创新是投资者进行企业价值评估的重要指标之一，企业创新能力水平影响着企业的市场估值和股票价值。非控股大股东更加关注企业长远发展，因此有更强的动机支持影响企业未来长期收益的创新项目的投资，期望通过创新提升其持股市值。

非控股大股东有能力以退出博弈推动企业创新。非控股大股东由于持股较多，故一旦退出，会对上市企业的股价产生不利影响，甚至造成非常严重的后果，如资本市场其退出行为的负面解读会引起股票抛售的情况，导致企业股价大幅下跌，甚至引起股价崩盘，给控股股东造成控制权转移的风险，同时，大股东退出使高管被强制变更的概率大幅增加，这会直接影响控股股东和管理层的利益，从而对其关于企业创新投资相关的信息、监督、决策等产生影响。非控股大股东能够利用自身的退出博弈抑制代理问题、提高信息披露质量、缓解融资约束，从而促进企业创新。

此外，创新投资周期较长，风险成本较高，需要较为长期持续的资金和人力投入，外部债权人等对创新投资的谨慎性较高，这对企业的资金水平提出了一定要求。管理层会利用盈余管理、在职消费等增加自身权益，控股股东会通过关联交易、利益输送等方式攫取控制权私有收益，对企业进行掏空，在资源有限的情况下，管理层和控股股东的机会主义掏空行为挤占了上市企业的资源，使企业创新投资面临资源约束。而非控股大股东退出博弈对管理层和控股股东的监督和约束能够提高企业治理水平，减少因其攫取私利所造成的对企业创新投资的资源挤占，在一定程度上缓解了企业创新面临的资金约束问题，对企业创新具有促进作用。

基于此，本书提出以下假设。

假设6-1a：非控股大股东退出博弈能够促进企业创新投资。

非控股大股东退出会对企业股价产生负面影响，其退出博弈给控股股东和管理层造成了短期的业绩压力，导致其短视僵化，减少创新投资。创新投资需要较高的投入，且创新结果具有较高的不确定性，对于企业长远发展来说，创新投资是不可或缺的，但对于企业短期业绩来说，创新投资无法即刻对其产生积极影响。控股股东和管理层在退出博弈的压力和监督下，为了自身的声誉、薪酬等，一方面，更加注重短期业绩，忽视创新投资，导致投资短视，有学者研究发现，由于管理层在工作中的付出无法对企业业绩产生立竿见影的影响，其会在退出博弈的压力和担忧下过度关注短期业绩并放弃企业长期发展机会，这对创新投资不利。另一方面，其在创新投资中趋于僵化，对创新投资失败的承受能力和容忍度降低，而创新需要在决策方面有一定自由的空间，这会对创新投资造成负面影响，甚至导致创新投资项目的中断。

面对非控股大股东退出博弈，控股股东和管理层面临着较大的风险与压力，可能会减少创新投资。非控股大股东利用退出博弈增强了对控股股东和管理层的监督，但创新投资收益与成本对各方存在不对称性，创新投资的成果由非控股大股东共享，创新投资一旦失败，控股股东和管理层不仅要承担业绩下降的后果，而且要面对非控股大股东质疑甚至退出产生的负面影响，在创新投资失败与非控股大股东退出博弈的双重风险与压力下，创新投资的成本过高而收益较低，此时控股股东和管理层会选择减少创新投资。同时，当控股股东和管理层认为向非控股大股东妥协的成本超出其退出可能带来的损失时，控股股东和管理层可能会忽略非控股大股东对于创新投资的诉求，选择使自身利益最大化的投资。

非控股大股东退出博弈会增加企业的潜在风险。根据迎合投资理论，管理者存在跟随股票走势迎合非理性投资者的倾向，而非控股大股东作为非完全理性的投资者，其退出博弈是为了通过博弈维护并增加自身的利益，非控股大股东有动机利用退出博弈引致的管理者迎合行为在股价波动中获利而非促使其选择更利于企业长远发展的创新投资，期望通过实施退出博弈的治理方式获得重视。同时，其作为企业的内部投资人，甚至会影响同行业企业或外部投资人对企业的所要求的风险溢价，导致“羊群效应”，使企业融资、股价等遭到冲击，这可能会加剧企业的系统性风险。

基于此，本书提出以下假设：

假设6-1b：非控股大股东退出博弈会抑制企业创新投资。

# 6.3 实证结果

## 6.3.1 描述性统计

表6-1为主要变量的描述性统计。企业创新的衡量方式中，研发投入（*RD*）均值为0.018，说明在我国上市企业中，研发投入占总资产的平均比例约为1.80%，整体研发投入平均水平较低，而标准差为0.021，最小值为0.000，最大值为0.276，说明上市企业间的创新投入水平存在较大差异。非控股大股东退出博弈（*ET*）的均值和标准差分别为-0.008和0.015，这与以往研究基本一致，退出博弈的最大值（-0.000）和最小值（-0.330）差异较大。由其数值分布可见，退出博弈普遍存在且有明显的企业间差异，其余控制变量的描述性统计结果已在前文进行详细分析，与现有文献基本一致（见表6-1）。

表6-1　描述性统计

| 变量名 | 样本量 | 均值 | 标准差 | 最小值 | 25分位 | 中值 | 75分位 | 最大值 |
|---|---|---|---|---|---|---|---|---|
| *RD* | 31213 | 0.018 | 0.021 | 0.000 | 0.001 | 0.014 | 0.026 | 0.276 |
| *ET* | 31213 | −0.008 | 0.015 | −0.330 | −0.010 | −0.000 | −0.000 | −0.000 |
| *Size* | 31213 | 22.212 | 1.474 | 19.522 | 21.180 | 21.975 | 22.956 | 27.387 |
| *Lev* | 31213 | 0.440 | 0.220 | 0.050 | 0.265 | 0.430 | 0.600 | 0.957 |
| *Roa* | 31213 | 0.034 | 0.070 | −0.332 | 0.013 | 0.036 | 0.066 | 0.200 |
| *Cash* | 31213 | 0.185 | 0.138 | 0.004 | 0.089 | 0.147 | 0.241 | 0.680 |
| *Taturn* | 31213 | 0.595 | 0.426 | 0.000 | 0.324 | 0.506 | 0.743 | 2.502 |
| *Cfo* | 31213 | 0.042 | 0.072 | −0.197 | 0.004 | 0.043 | 0.084 | 0.241 |
| *Growth* | 31213 | 0.171 | 0.450 | −0.608 | −0.011 | 0.089 | 0.259 | 2.966 |
| *Top*1 | 31213 | 0.337 | 0.145 | 0.0950 | 0.224 | 0.313 | 0.432 | 0.731 |
| *Roe* | 31213 | 0.051 | 0.176 | −1.104 | 0.029 | 0.069 | 0.115 | 0.423 |
| *Age* | 31213 | 2.528 | 0.633 | 0.000 | 2.303 | 2.565 | 3.091 | 3.434 |
| *State* | 31213 | 0.669 | 0.470 | 0.000 | 0.000 | 1.000 | 1.000 | 1.000 |
| *Bods* | 31213 | 2.210 | 0.250 | 0.000 | 2.079 | 2.197 | 2.303 | 3.258 |
| *Dir* | 31213 | 0.379 | 0.065 | 0.250 | 0.333 | 0.364 | 0.429 | 0.600 |
| *Sups* | 31213 | 1.312 | 0.314 | 0.000 | 1.099 | 1.099 | 1.609 | 2.890 |
| *Dual* | 31213 | 0.298 | 0.457 | 0.000 | 0.000 | 0.000 | 1.000 | 1.000 |

## 6.3.2 非控股大股东退出博弈与创新投资回归分析

### 6.3.2.1 非控股大股东退出博弈与创新投资回归结果

表6–2是本章的主回归结果，由列（1）可见，在模型中加入控制变量前，非控股大股东退出博弈（*ET*）的系数为0.028，在1%的水平显著，由列（2）可见，在模型中加入控制变量后，非控股大股东退出博弈（*ET*）的系数为0.020，同样在1%的水平显著为正，表6–2的结果基本验证了本书的假设6–1a，说明在我国情境下，非控股大股东退出博弈能够发挥监督治理效应，增加企业的创新投资（见表6–2）。

**表6–2 非控股大股东退出博弈与企业创新投资回归结果**

| 变量 | （1） | （2） |
|---|---|---|
| | *RD* | *RD* |
| *ET* | 0.028*** | 0.020*** |
| | （3.92） | （2.86） |
| *Size* | | −0.000*** |
| | | （−2.94） |
| *Lev* | | −0.000*** |
| | | （−2.96） |
| *Roa* | | 0.000 |
| | | （0.26） |
| *Cash* | | 0.013*** |
| | | （16.74） |
| *Taturn* | | 0.004*** |
| | | （20.82） |
| *Cfo* | | 0.007*** |
| | | （8.07） |
| *Growth* | | −0.000 |
| | | （−0.12） |
| *Top*1 | | −0.007*** |
| | | （−9.57） |

续表

| 变量 | (1) | (2) |
|---|---|---|
| | RD | RD |
| Roe | | −0.000 |
| | | (−0.86) |
| Age | | −0.004*** |
| | | (−21.13) |
| State | | 0.000 |
| | | (1.14) |
| Bods | | 0.000 |
| | | (0.47) |
| Dir | | 0.002 |
| | | (1.20) |
| Sups | | −0.002*** |
| | | (−4.37) |
| Dual | | 0.001*** |
| | | (4.46) |
| Constant | −0.001 | 0.014*** |
| | (−0.80) | (6.35) |
| IndustryFE | Yes | Yes |
| YearFE | Yes | Yes |
| N | 31213 | 31213 |
| R−squared | 0.297 | 0.336 |

从退出博弈这一治理方式来看，根据前文理论分析，可置信的退出博弈是其能够发挥作用的重要基础，退出博弈的可置信程度越高，越能发挥更强的治理作用。退出博弈理论指出，非控股大股东退出博弈强度更高时，其能够产生更有效的治理效果，而管理层薪酬对股价的敏感性在很大程度上决定了非控股大股东退出博弈的强度，为了对这些理论分析进行验证，需要在主检验的基础上对退出博弈的可置信程度和强度进行分组检验。

从非控股大股东其他治理方式来看，直接参与、退出博弈、直接退出是其影响企业决策的主要途径，前文已经证明了退出博弈对创新投资的显著影响，在理论分析和以往研究中，直接退出产生的影响是退出博弈发挥作用的重要前提，而直接参与会对退出博弈产生何种影响也有待探索，对于非控股大股东直接退出和直接参与影响的检验，能够进一步佐证退出博弈的作用，而对于非控股大股东直接参与影响的检验，对于充分发挥非控股大股东多种方式治理能力具有启示意义。

从非控股大股东这一主体来看，退出博弈理论指出，非控股大股东的类型不同，其参与企业治理的动机和能力亦存在差异，其退出博弈的治理作用有所不同，而一系列企业改革措施塑造的差异化大股东结构也提供了良好的自然场景。不同非控股大股东持股主体是否都能够对创新投资发挥显著作用，其影响是否存在不同，该问题是优化企业股权结构的重要依据，也是完善退出博弈治理框架的重要内容，需要区分非控股大股东的各种类型，从而探究退出博弈治理效应的差异。

下面将从退出博弈和非控股大股东这两个角度对以上三个问题进行详细分析。

### 6.3.2.2 退出博弈可信性和退出博弈强度的影响

#### 6.3.2.2.1 退出博弈可信性

非控股大股东退出博弈可信性是影响其治理作用的关键要素。非控股大股东的持股比例是其参与治理或退出企业动机和能力的根源所在，与控股股东相比，非控股大股东持股比例之和越多，其直接参与企业治理的动机和能力越强，退出博弈的可能性较低，而当其持股比例之和相对于控股股东越少时，其退出的可能性就较积极参与企业治理的概率更大，退出博弈越可信，越能够有效地提升企业的信息披露质量，对企业内部产生更大的影响。因此，本书预期退出博弈可信性越高，越能显著地增加企业创新投资。研究将样本按照非控股大股东与控股股东持股比例之差的中位数分为两组，分别为退出博弈可信性高组（持股比例差较低）、可信性低组（持股比例差较高），从而检验退出博弈可信度的异质性影响，退出博弈可信性低组不显著，表明退出博弈可信性越高，其越能够显著提升创新投资。

#### 6.3.2.2.2 退出博弈强度

管理层股价敏感性会决定退出博弈的强度，从而在其创新投资的决策中影响其行为。根据前文理论分析，管理层的代理问题是抑制企业创新的重要因素，而当管理层对股价更敏感时，退出博弈的强度更高，非控股大股东退出对其影响程度更大，退出博弈能够发挥更大的作用。委托代理关系发展初期，管理层没有企业的任何控制权，仅负责日常业务的管理，非控股大股东退出博弈对企业股价带来的风险对管理层的影响较小，而随着委托关系的发展和抑制代理问题的需要，我国上市企业利用股权激励的方式使管理层成为与股东相同的利益共同体，这就使其股价敏感性大幅增加，此时退出博弈能够更有效地发挥治理作用，显著提升企业创新投资。因此，预期在退出博弈强度更高，即管理层股价敏感性高时，非控股大股东退出博弈对创新投资的影响更显著。计算管理层前三名薪酬总和与企业市值的比值，并根据中位数样本分为两组，即退出博弈强度高组和退出博弈强度低组，以此检验退出博弈强度对其治理效应的影响，回归结果见表6–3。由表6–3列（3）可见，非控股大股东退出博弈（*ET*）的系数在退出博弈强度高组为0.521，在1%的水平显著；由列（4）可见，在退出博弈强度低组，非控股大股东退出博弈（*ET*）的系数不显著，与预期相符。结果表明管理层的股价敏感性对非控股大股东与创新投资的关系产生了显著不同的影响，在管理层持股的情况下，其对股价的变动更加敏感，非控股大股东退出博弈对创新投资的影响更显著（见表6–3）。

**表6–3　退出博弈可信性与管理层股价敏感性的异质性检验结果**

| 变量 | 退出博弈可信性高 | 退出博弈可信性低 | 退出博弈强度高 | 退出博弈强度低 |
|---|---|---|---|---|
| | （1） | （2） | （3） | （4） |
| | *RD* | *RD* | *RD* | *RD* |
| *ET* | 0.044*** | 0.009 | 0.521*** | −0.033 |
| | （4.35） | （0.93） | （2.84） | （−1.16） |
| *Size* | −0.000 | −0.000** | 0.006* | −0.001*** |
| | （−0.80） | （−2.55） | （1.76） | （−3.98） |
| *Lev* | −0.002*** | −0.000 | −0.006 | −0.001*** |
| | （−5.24） | （−1.47） | （−0.97） | （−2.65） |
| *Roa* | −0.003*** | 0.001*** | −0.035** | −0.002*** |
| | （−5.97） | （3.39） | （−2.31） | （−3.15） |
| *Cash* | 0.015*** | 0.010*** | 0.075*** | 0.040*** |
| | （13.30） | （9.74） | （3.80） | （13.02） |
| *Taturn* | 0.004*** | 0.004*** | −0.018*** | −0.012*** |
| | （14.05） | （15.41） | （−3.18） | （−15.39） |
| *Cfo* | 0.007*** | 0.011*** | −0.004 | −0.007* |
| | （6.02） | （7.04） | （−0.19） | （−1.72） |
| *Growth* | 0.000 | −0.000 | 0.000 | −0.000 |
| | （0.14） | （−0.26） | （0.05） | （−0.01） |

续表

| 变量 | 退出博弈可信性高 | 退出博弈可信性低 | 退出博弈强度高 | 退出博弈强度低 |
|---|---|---|---|---|
| | （1） | （2） | （3） | （4） |
| | *RD* | *RD* | *RD* | *RD* |
| *Top*1 | −0.013*** | −0.007*** | −0.052** | −0.017*** |
| | （−8.40） | （−7.09） | （−2.47） | （−6.40） |
| *Roe* | 0.000** | 0.000 | 0.001 | −0.000 |
| | （2.09） | （1.07） | （1.60） | （−0.77） |
| *Age* | −0.005*** | −0.003*** | −0.017*** | −0.009*** |
| | （−16.87） | （−13.41） | （−3.23） | （−11.62） |
| *State* | 0.001*** | −0.001** | 0.007 | 0.003*** |
| | （3.51） | （−2.03） | （0.93） | （3.07） |
| *Bods* | 0.002*** | −0.001* | 0.013 | −0.002 |
| | （2.75） | （−1.75） | （0.91） | （−1.27） |
| *Dir* | 0.007*** | −0.002 | −0.034 | 0.014** |
| | （2.86） | （−0.90） | （−0.74） | （2.55） |
| *Sups* | −0.002*** | −0.002*** | −0.023* | −0.002* |
| | （−2.78） | （−3.51） | （−1.89） | （−1.83） |
| *Dual* | 0.001*** | 0.001*** | 0.003 | 0.002** |
| | （2.69） | （3.53） | （0.57） | （2.40） |
| *Constant* | 0.009*** | 0.020*** | −0.051 | 0.058*** |
| | （2.80） | （6.79） | （−0.64） | （6.96） |
| *IndustryFE* | *Yes* | *Yes* | *Yes* | *Yes* |
| *YearFE* | *Yes* | *Yes* | *Yes* | *Yes* |
| *N* | 14790 | 16423 | 15534 | 15679 |
| *R−squared* | 0.333 | 0.347 | 0.010 | 0.285 |

# 6.4　机制检验：基于企业治理视角

前文证实了非控股大股东退出博弈能够增加企业创新投资，为了进一步厘清非控股大股东退出博弈对企业创新投资的影响机制，根据前文理论分析与基本实证结果，本节基于企业治理视角，分别分析代理成本和信息披露质量在非控股大股东退出博弈影响企业创新投资中的路径机制。

## 6.4.1　非控股大股东退出博弈、代理成本与创新投资

非控股大股东退出对管理层和控股股东造成的不利影响，使其能够利用退出博弈引起管理层及控股股东的重视，使投资结构得到改善，增加创新投资。非控股大股东退出博弈能够减少控股股东和管理层的机会主义行为，通过缓解代理问题从而促使控股股东和管理层的决策更有利于企业长远发展，提升企业创新投资。基于理论分析，本书构建了模型（6–1）（6–2）分别探究了代理成本是否在非控股大股东退出博弈对企业创新投资的影响中发挥了中介作用。其中，代理成本分为第一类代理成本和第二类代理成本，以企业中管理费用和销售费用的和占主营业务收入的比例衡量第一类代理成本*AC*1，以其他应收款净额占期末总资产的比例衡量第二类代理成本 *AC*2。

$$AC1/AC2_{i,t}=\alpha_0+\alpha_1 ET_{i,t}+\alpha_2 Controls_{i,t}+\Sigma Year\ FE+\Sigma IndustryFE+\varepsilon_{i,t} \quad (6\text{–}1)$$

$$RD_{i,t}=\alpha_0+\alpha_1 ET_{i,t}+\alpha_2 AC1/AC2_{i,t}+\alpha_3 Controls_{i,t}+\Sigma Year\ FE+\Sigma IndustryFE+\varepsilon_{i,t} \quad (6\text{–}2)$$

结果如表6–4所示，由列（1）（2）可见，退出博弈显著降低了第一类代理成本，在模型（6–2）中加入第一类代理成本（*AC*1）后，退出博弈（*ET*）的系数为0.018，第一类代理成本（*AC*1）的系数为–0.067，分别在5%、1%的水平显著，表明第一类代理成本的部分中介效应成立。由列（3）（4）可见，非控股大股东退出博弈能够通过有效缓解第二类代理问题影响企业创新投资，且相关系数符号符合预期，部分中介效应成立，说明非控股大股东退出博弈能够通过降低第二类代理问题增加企业创新投资。出现该结果的原因可能是创新投资作为需要付出较多资源以及承担较大风险的重要决策，控股股东的决策会对创新投资产生关键影响，因此控股股东的代理问题产生了显著的中介效应（见表6–4）。

表6-4 非控股大股东退出博弈、代理成本与创新投资

| 变量 | (1) | (2) | (3) | (4) |
|---|---|---|---|---|
| | *AC*1 | *RD* | *AC*2 | *RD* |
| *ET* | −0.067* | 0.018** | −0.027* | 0.020*** |
| | (−1.67) | (2.57) | (−1.79) | (2.91) |
| *AC*1 | | −0.037*** | | |
| | | (−38.01) | | |
| *AC*2 | | | | −0.025*** |
| | | | | (−9.30) |
| *Constant* | 0.549*** | −0.004* | 0.036*** | 0.017*** |
| | (43.47) | (−1.92) | (8.83) | (7.71) |
| *Controls* | *Yes* | *Yes* | *Yes* | *Yes* |
| *IndustryFE* | *Yes* | *Yes* | *Yes* | *Yes* |
| *YearFE* | *Yes* | *Yes* | *Yes* | *Yes* |
| *N* | 31213 | 31213 | 31213 | 31213 |
| *R-squared* | 0.305 | 0.365 | 0.082 | 0.338 |

### 6.4.2 非控股大股东退出博弈、信息披露质量与创新投资

非控股大股东对上市企业的信息披露质量特别关注，同时能够利用其退出博弈抑制企业的信息披露操纵行为，提高企业的信息披露质量，使非控股大股东能够及时了解企业创新投资的真实情况，加强对控股股东和管理层以及创新投资的监督，从而能够利用退出博弈的方式进行干预，使企业作出利于其长期发展的投资决策。因此本书预期，非控股大股东退出博弈通过提高信息披露质量改善投资结构，提高企业创新投资。

基于以上分析，本书验证信息披露质量的中介作用。以Kim和Verrecchia建立的*KV*指数模型为基础，该模型同时包含了强制性与自愿性信息披露的结果，股票交易量是投资者判断企业价值的重要指标之一，以投资者股票收益率对其依赖程度衡量信息披露质量，相较于因盈余管理等影响的会计指标来说客观性相对较强。同时，上市企业间的股票交易量差距较大，上市企业之间的比较存在偏差，因此借鉴翟光宇等的改进*KV*模型进行相关计算。其中，$P_t$、$Vol_t$分别为上市企业当日的收盘价与交易股数，$Vol_0$则表示平均交易量，以样本期间交易日的所有交易量除以交易天数，得到日均交易量。由于其为反向指标，为了便于理解，本书使用*KV*指数计算得出的相反数衡量信息披露质量（*KVF*）。具体模型

如下：

$$Ln|(P_t - P_{t-1})/P_{t-1}| = \lambda_0 + \lambda(Vol_t / Vol_0 - 1) + \varepsilon \quad (6\text{-}3)$$

$$KV = \lambda \times 10^6 \quad (6\text{-}4)$$

$$KVF = (-1) \times KV \quad (6\text{-}5)$$

本书构建了模型（6–6）、模型（6–7）探究信息披露质量的中介作用，信息披露质量如上述模型所示，具体中介模型如下：

$$KVF_{i,t} = \alpha_0 + \alpha_1 ET_{i,t} + \alpha_2 Controls_{i,t} + \sum Year\ FE + \sum IndustryFE + \varepsilon_{i,t} \quad (6\text{-}6)$$

$$RD_{i,t} = \alpha_0 + \alpha_1 ET_{i,t} + \alpha_2 KVF_{i,t} + \alpha_3 Controls_{i,t} + Year + Industry + \varepsilon_{i,t} \quad (6\text{-}7)$$

结果如表6–5所示。由列（1）可见，非控股大股东退出博弈的系数（*ET*）为0.224，在1%的水平显著为正，说明退出博弈显著提升了信息披露质量；由列（2）可见，非控股大股东退出博弈的系数与前文一致，信息披露质量（*KVF*）的系数也在1%的水平显著，为0.016，表明部分中介效应成立，也证实了本书预期，说明非控股大股东退出博弈能通过增加信息披露质量进而增加创新投资水平（见表6–5）。

**表6–5　非控股大股东退出博弈、信息披露质量与创新投资**

| 变量 | （1） | （2） |
| --- | --- | --- |
| | *KVF* | *RD* |
| *ET* | 0.224*** | 0.054*** |
| | （2.93） | （2.64） |
| *KVF* | | 0.016*** |
| | | （10.01） |
| *Constant* | −0.384*** | 0.067*** |
| | （−15.42） | （10.11） |
| *Controls* | *Yes* | *Yes* |
| *IndustryFE* | *Yes* | *Yes* |
| *YearFE* | *Yes* | *Yes* |
| *N* | 31213 | 31213 |
| *R−squared* | 0.202 | 0.279 |

# 6.5 进一步检验

## 6.5.1 基于创新产出的检验

前文验证了非控股大股东退出博弈增加了企业创新投入，创新投入表现了企业的创新意愿，那么，非控股大股东退出博弈的影响对创新投入是否具有持续性以及是否产生了具体的创新产出呢？对该问题的研究，能够进一步说明非控股大股东退出博弈对企业的长期影响。由表6-6可见，非控股大股东退出博弈的系数均在1%的水平显著为正，说明非控股大股东退出博弈增加创新投入具有持续性（见表6-6）。

表6-6 非控股大股东退出博弈与企业创新产出回归结果

| 变量 | （1） | （2） |
|---|---|---|
| | *Patent*1 | *Patent*2 |
| *ET* | 1.700*** | 2.095*** |
| | （2.62） | （2.79） |
| *Constant* | −10.397*** | −11.425*** |
| | （−59.99） | （−56.96） |
| *Controls* | *Yes* | *Yes* |
| *IndustryFE* | *Yes* | *Yes* |
| *YearFE* | *Yes* | *Yes* |
| *N* | 31213 | 31213 |
| *R-squared* | 0.428 | 0.427 |

## 6.5.2 基于市场与行业环境的检验

### 6.5.2.1 市场化水平、非控股大股东退出博弈与企业创新投资

市场化进程会对非控股大股东监督产生重要影响，企业创新投资也必然关注市场环境的发展。我国市场化发展在地区之间存在较大差异。在证券市场发展方面，与市场化发展程度较低的地区相比，市场化进程较高的地区股票交易制度更为健全，流动性更强，能够显著提升非控股大股东退出博弈的作用。在法律制度保护方面，市场化发展水平较高时，法律法规等保障机制较为完善，一方面，能够增强企业的创新意愿和信心；另一方面，也能够对企业创新投资的新技术进行有效保护，这能够在一定程度上增强非控股大股东退出

博弈对企业创新投资的积极作用，而当市场化水平较低时，即使面临非控股大股东退出博弈，由于资源不足、法律保护不到位等因素，在此环境下也无法提升创新投资。在信息传递效应方面，在市场化发展程度更高的地区，市场和监管部门对企业信息披露的要求更强，完善的法律规章和监管机制为信息披露质量提供了制度保障，上市企业能够及时了解并学习行业新技术，同时，非控股大股东能够进行及时有效的干预和监督。因此，非控股大股东能够通过退出博弈的方式，在市场发展水平较高的地区对企业创新投资产生显著的治理作用。

本节以国民经济研究所发布的《中国分省份市场化指数报告（2021）》中的1997—2019年中国各省份市场化指数为基础，借鉴外推法，以历年市场化指数的平均增长幅度作为预测2020—2021年度指数的依据，并以行业年度中位数分为市场化发展水平高、低两组。若非控股大股东退出博弈系数在市场化发展水平高组系数为0.027，在5%的水平上显著，而市场化发展水平低组系数不显著，则与预期相符，说明在市场化发展水平相对较高时非控股大股东退出博弈对企业创新投资有更显著的影响，表明对于企业创新投资来说，证券市场的发展和股票流动性是推动退出博弈对其发挥积极作用的重要条件。

#### 6.5.2.2　行业特征、非控股大股东退出博弈与企业创新投资

不同行业对于创新投资的需求和重视程度存在较大差异。工业是创新活动最活跃的行业，工业领域的创新面临着极大的风险和投入，而其对于国民经济发展的关键属性使工业领域的创新受到高度重视，我国政府出台了一系列政策推动工业产业创新升级，社科院发布的产业蓝皮书指出我国在工业产业科技创新方面与发达国家仍有较大差距，面临着发达国家的技术封锁以及其他发展中国家利用密集劳动力的竞争，在国家产业政策推动以及企业竞争力改革中，相对于非工业企业，我国工业企业对创新投入有着更加持续且迫切的需求，因此本书预期，在工业企业中，非控股大股东退出博弈对创新投资的影响更显著。

按照《上市企业行业分类指引》中的划分标准，将样本分为工业企业和非工业企业两组样本，回归结果如表6–7列（3）（4）所示。在工业企业样本中，非控股大股东退出博弈系数为0.445，在1%的水平上显著；而在非工业企业样本中，非控股大股东退出博弈未产生显著的影响，表明创新投资在工业企业中的需求更高，同时也受到更多的监督和关注，非控股大股东退出工业企业中对创新投资产生了更高的治理效应。

表6-7 异质性检验结果

| 变量 | 市场化发展水平高 | 市场化发展水平低 | 工业企业 | 非工业企业 | 主板 | 创业板 | 科创板 |
|---|---|---|---|---|---|---|---|
| | (1) | (2) | (3) | (4) | (5) | (6) | (7) |
| | *RD* | *RD* | *RD* | *RD* | *RD* | *RD* | *RD* |
| *ET* | 0.027** | 0.014 | 0.445*** | −0.085 | 0.257* | 0.033 | 24.932** |
| | (2.54) | (1.48) | (7.21) | (−0.30) | (1.89) | (0.64) | (2.45) |
| *Constant* | 0.022*** | 0.010*** | 0.001 | 0.108 | 0.064* | 0.011 | 0.177 |
| | (6.52) | (3.42) | (0.02) | (1.44) | (1.89) | (0.42) | (0.04) |
| *Controls* | *Yes* | *Yes* | *Yes* | *Yes* | *Yes* | *Yes* | *Yes* |
| *IndustryFE* | *Yes* | *Yes* | *Yes* | *Yes* | *Yes* | *Yes* | *Yes* |
| *YearFE* | *Yes* | *Yes* | *Yes* | *Yes* | *Yes* | *Yes* | *Yes* |
| *N* | 14683 | 16530 | 20657 | 10556 | 25369 | 5730 | 114 |
| *R-squared* | 0.340 | 0.339 | 0.036 | 0.011 | 0.008 | 0.276 | 0.069 |

## 6.6 本章小结

本章以2010—2021年我国沪深A股上市企业为样本，探究了非控股大股东退出博弈对企业创新投资的影响。主要研究结论为：（1）非控股大股东退出博弈显著提升了企业创新投资，经过一系列内生性和稳健性检验后该结果依旧成立。（2）当退出博弈可置信性及退出强度更高时，非控股大股东退出博弈的影响效应更显著。从非控股大股东其他治理方式来看，直接退出对创新投资产生了显著影响，当其未直接参与企业治理时，其退出博弈优化提升企业创新投资的作用更明显。从非控股大股东异质性角度来看，机构投资者、外资以及长期战略型大股东退出博弈对创新投资产生了更显著的影响。（3）机制检验发现，非控股大股东退出博弈通过降低两类代理成本、提高信息披露质量从而提升企业创新投资。（4）异质性检验结果发现，非控股大股东退出博弈在市场化进程较高以及工业企业中对企业创新投资产生了更明显的影响。从我国外生政策冲击来看，上市企业减持管制政策削弱了非控股大股东退出博弈对企业创新投资的正相关关系，而放松卖空管制政策强化了非控股大股东退出博弈对企业创新投资的影响。

基于以上研究结果，本章结论的政策启示在于：首先，企业要充分重视非控股大股东对创新投资的积极作用，完善股权结构改革，促进企业治理水平的提高，为非控股大股东发挥治理作用以及企业创新投资营造良好的企业内部环境，增强企业创新投资的积极性。其次，相关部门应进一步完善相关规章制度，发挥市场的决定性作用，提升股票流动性，同时，降低交易成本，规范上市企业大股东的行为，充分发挥非控股大股东的治理作用，增强企业的创新活力。最后，充分考虑非控股大股东退出博弈治理效应的异质性，关注其主体差异和内外部制度环境差异对企业的影响，使其能够充分配合企业的发展现状，治理机制的构建充分考虑企业的创新投资，提升企业长期竞争力。

本章在第四、五章实业投资和金融投资的研究基础上，进一步探究非控股大股东退出博弈对企业创新投资的影响，详细探究企业投资结构的变动究竟体现在企业的哪些投资方向，结合前文非控股大股东退出博弈提升企业实业投资的结果可以看出，非控股大股东退出博弈能够在一定程度上改善投资结构。然而，投资量的变动仅从侧面体现了企业投资的优化，企业利用投资资金的效率作为更加直接的指标，能够在第四、五章、六章研究的基础上更直观地体现出企业投资决策的优化水平，下面将在第七章详细探究非控股大股东退出博弈与企业投资效率的关系以及投资结构的动态变化情况。

# 第 7 章

## 非控股大股东退出博弈、投资结构与投资效率

## 7.1 问题提出

投资作为拉动经济增长的三驾马车之一，对我国的经济发展具有非常重要的作用。高效率的投资不仅能够保障所有者权益，促进企业长远发展，同时，在经济新常态背景下，我国经济高质量发展的目标也对企业投资效率提出了新要求。

投资效率不仅与所有者权益密切相关，而且对于企业发展有着深刻影响。面对资源的有限性，提高投资效率是保障企业竞争力的重要方式，企业为了经济利益最大化往往以最高的投资效率为目标，但由于外部环境和自身因素的复杂性，我国企业的投资效率仍有待进一步提高，企业均存在一定程度的非效率投资行为，即投资不足或过度投资。投资不足表明企业放弃了净现值为正的投资项目，而过度投资表明企业选择了净现值为负的投资项目。已有研究表明，过度投资对企业价值产生不利影响。低下的投资效率会降低企业价值，投资效率低下不仅会造成企业本身投资基金的浪费，使企业无法从当前投资中获得收益，造成资金短缺，耽误企业的正常运营，而且会成为外部资本市场评判企业发展的重要依据，影响企业未来价值与长远发展。

非控股大股东退出博弈是微观企业层面的一种重要治理机制，是指由非控股股东个体或其联合组成的团体，通过集体谈判、共同声明等威慑性手段与企业管理层或控股股东进行博弈，进而谋取表达利益诉求、监督企业决策、完善企业治理的一种机制。即使大股东没有退出企业，也能够对企业产生重大影响。随着我国市场化改革的深入推进以及投资者法律保护的不断健全，退出博弈作为一种重要的企业治理方式近年来受到理论与实务界的广泛关注。关于退出博弈的作用，一方面，作为具有信息优势的内部人，大股东退出往往会向资本市场传递企业的负面信号，造成企业股价下跌，资本成本上升，企业内部人利益受损，因而大股东能够通过退出博弈控股股东和管理层，达到企业治理效应，如抑制控制权私利、提高财务报告质量、提升企业价值等。我国研究考虑了大股东的异质性，多以非控股大股东为研究对象，证明了其退出博弈对企业治理和代理问题的积极作用，抑制了高管薪酬黏性，还能够推动企业创新、提升并购绩效。另一方面，大股东退出博弈可能导致企业治理僵化，会对管理层产生威慑，导致其对企业短期业绩过度关注，进而忽视企业长期发展的机会和价值。

非控股大股东退出博弈作为企业所有权结构和内部治理的重要内容，能够影响企业内部治理，而投资效率是企业治理的重要结果，势必会受到退出博弈的影响。鉴于此，本书以2010—2021年我国沪深A股上市企业为研究对象，探究非控股大股东退出博弈会对企业投资效率产生何种影响。主要研究发现，非控股大股东退出博弈与企业投资效率呈正相关关系，能够提高企业投资效率，抑制过度投资，缓解投资不足，该结果在通过内生性和稳健性检验后仍然成立。非控股大股东退出博弈能够优化企业投资结构，缓解金融投资对实业、创新投资的挤占，同时，非控股大股东退出博弈对投资结构的影响效应还会对企业投资效率产生积极影响。其中，非控股大股东退出博弈对实业投资的促进效用提高了企业投资效率，能够抑制过度投资，缓解投资不足；对金融投资的抑制作用和对创新投资的积极作用均提高了企业投资效率。

本章研究可能的贡献：（1）已有研究证明了非控股大股东退出博弈能够抑制代理问题、抑制高管薪酬黏性、提升并购绩效等，本章从投资效率的角度，丰富并拓展了退出博弈的研究框架，对于更好地理解并充分发挥非控股大股东退出博弈的积极作用具有重要意义。与本章较为相关的研究是廖静和刘星以发现稳定型机构投资者退出博弈对国有企业过度投资的抑制作用，余怒涛等也发现非控股大股东退出博弈抑制了企业过度投资，本章在上述研究基础上进行进一步拓展，深入考虑非控股大股东影响企业投资效率的作用机制以及对不同类型投资结构的影响。（2）本章从股东治理的角度切入，结合心理学的企业治理方式——退出博弈检验其对投资效率的影响，是对以往学者投资效率相关研究的有益补充，不仅在理论上丰富投资效率影响因素方面的研究，而且对于提高企业投资效率具有实际意义。（3）从整体考虑非控股大股东退出博弈造成的实业、金融、创新投资的动态变化，丰富了企业投资结构的影响因素研究。以往关于投资结构的研究大多集中于金融投资方面，相较于单纯考察实业或金融投资的变动，本章不仅将实业、金融、创新投资置于同一研究框架内，而且考虑三者的动态变化，揭示了非控股大股东退出博弈优化企业投资结构的机制。（4）揭示了非控股大股东退出博弈—投资结构—投资效率的路径机制，提供经验证据和政策参考。（5）本章详细划分了投资效率的类别，从非控股大股东退出博弈的角度，结合前文对实业投资、金融投资和创新投资的影响，深入探究投资效率的具体变化情况，对于进一步改善投资结构、提高投资效率提供了参考和启示。

## 7.2　理论分析与研究假设

### 7.2.1　非控股大股东退出博弈与投资结构

企业的投资结构对于企业未来发展方向起着至关重要的作用，影响企业未来的现金流水平以及竞争优势，是企业转型升级的重要动力。从宏观层面来看，企业投资结构与经济发展的方向息息相关，在一定程度上影响着经济发展质量的高低，对于整体社会的稳定发展以及经济的长期提升具有关键意义，企业投资结构的优化调整受到广泛的关注。

企业用于投资的资金在一定条件下是有限的，在此情况下，有限的现金资源会使企业为了实现盈利目标在不同类型的投资之间进行权衡，前文分析了金融投资风险性较高、流动性强、短期获利的特点，实业投资回报期较长但利于企业长远发展的特点，而创新投资则是投入及风险较高而有利于企业竞争力的提升。基于金融投资的特性，诸多企业为了获得更多收益而产生了金融套利动机，会导致企业将更多的资金投入金融领域，这就在很大程度上挤占了实业投资的资金。同时，金融投资与创新投资都需要资金投入，因此对于金融领域的投资会使创新投资显著减少。

笔者认为，非控股大股东退出博弈对实业、金融和创新投资的影响会引起投资结构的内部变动，非控股大股东退出博弈抑制金融化增加了实业投资和创新投资，能够优化企业投资结构。

基于以上分析，本章提出如下假设：

假设7-1：非控股大股东退出博弈能够优化企业投资结构。

### 7.2.2 非控股大股东退出博弈与投资效率

在我国现阶段内外部因素的共同作用下，非控股大股东退出博弈能够发挥监督治理效应，提高企业投资效率。

一方面，非控股大股东有动机进行监督治理，缓解企业内部的代理问题，优化投资决策。两类代理问题会降低企业的投资效率，在我国制度环境下，控股股东会通过掏空企业以牟取私利，管理层也会因个人私利作出与企业最优投资相悖的决策，这对企业投资效率会产生负面影响，不仅导致其他股东利益受到损害，而且对企业长期发展不利。不同于中小股东的"搭便车"心理，由于非控股大股东持股较多并具备一定的专业技能，其更加注重企业的生存和长远发展，会对控股股东和管理层实施监督，有更强的动机关注和监督可能影响企业价值的投资决策。非控股大股东退出博弈的动机并非完全为了维护其他股东的利益，还考虑了其自身能够获得的股权收益，但即使如此，其通过退出博弈与控股股东及管理层的博弈，也能够减少损害股东利益的投资决策。

另一方面，非控股大股东有能力通过退出博弈提高企业投资效率。非控股大股东通常持股时间较长，往往更加关注自身所能够获得的长期收益，会更加仔细甄别与解读企业披露的信息，关注影响其利益的投资决策，这对企业信息质量产生了积极影响。当企业存在非效率投资时，若非控股大股东无法直接参与企业治理或该方式无效时，会选择退出企业，资本市场对大股东退出行为的负面解读往往导致企业股价大幅下跌，这极大地损害了控股股东和管理层的利益，甚至造成管理层的强制变更，信息不对称使处于相对信息劣势的非控股大股东对企业信息质量产生了更高的要求，因此，非控股大股东退出博弈能够提高企业的信息披露质量，便于各方对企业投资的监督，从而提高投资效率。而且，股权分权制衡和股票流动性的发展为退出博弈产生影响奠定了基础，我国上市企业的股权结构随着股权改革的深入推进不断优化，一股独大的情况逐渐减少①，多股分权与制衡为非控股大股东发挥治理作用提供了空间，同时，非控股大股东持有股份的性质是其退出博弈可置信性的重要因素，股权分置改革的完成，使其持有的股份由非流通股变为流通股，股份有了正式的交易市场以及合适的价格形成方式，非控股大股东的退出更为便利，其退出博弈产生的影响也更加可信。

基于以上分析，本章提出如下假设：

假设7-2：非控股大股东退出博弈提高了企业投资效率。

### 7.2.3　非控股大股东退出博弈、实业投资与投资效率

实业投资具有重要作用，从宏观方面来看，影响着社会总需求、总产出以及就业水平，对社会投资积累和经济增长具有积极影响。从微观方面来看，对于企业来说，一方面，实业投资能够稳定发展，获取收益。实业投资是企业稳定发展的基本保障，实业投资能够使企业平稳地创造利润，在稳定发展中增强防范风险的能力，从而提升可持续发展的水平，增强企业在长期发展过程中的稳定性和收益水平。另一方面，实业投资还能积累实力，增强竞争。实业项目通过实现创新目标达到提高企业竞争实力的结果，同时，在实业投资过程中能够发展企业规模，在市场竞争中取得优势。实业投资具有周期较长、投入较大、变现能力差、不可逆性以及资产专用性较强的特征，导致我国企业的实业投资率持续下降，这不利于企业的长期稳定发展和投资效率的提高。

而非控股大股东退出博弈通过缓解代理问题、提高信息披露质量从而增加了企业的实业投资，有研究发现，实业投资对于民营企业投资效率具有提升作用。非控股大股东退出博弈从企业内部角度来看，其优化治理为提升我国实业投资在企业中发挥积极的作用提供了空间，对企业投资效率具有积极影响。从投资过度方面来看，非控股大股东退出博弈对实业投资的促进效用，能够抑制控股股东和管理层为了个人声誉而盲目扩大的投资规模。从投资不足方面来看，我国实业投资的空间受到控股股东或管理层机会主义攫取私利行为、金融投资等方面的挤占，非控股大股东退出博弈增加实业投资能够有效缓解投资不足的情况。

基于以上分析，本章提出如下假设：

假设7-3：非控股大股东退出博弈对实业投资有促进效用，提高了企业投资效率。

① 根据郑志刚（2018）的研究，中国上市企业第一大股东持股比十多年来一直处于下降趋势，1999 年平均持为 46%，股改完成后的 2007 年下降到 35%，随着混改推进和险资进入，2015 年下降到无法实现相对控股的 33%。截至 2016 年年底，3000 多家上市企业中，第一大股东持股比小于 20% 的企业超过 500 家。

### 7.2.4 非控股大股东退出博弈、金融投资与投资效率

20世纪80年代以来，金融化已成为发达国家经济运行的一个重要特征，而金融化导致的虚拟经济过度发展则被认为是2007年美国次贷危机发生的重要根源之一。无论是欧美、日本等发达国家，还是东亚、拉美等新兴国家，在盛行的金融投资过后，积聚的金融风险引致了严重的金融危机，对实体企业造成了严重危害，甚至对国家整体经济运行造成巨大灾难，由此可见，金融投资虽然为企业带来了短暂的表面繁荣，但对于企业的长远发展十分不利。在我国，上市公司金融资产投资亦呈现出加速扩张的趋势，经济的金融化趋势日益凸显，特别是在2010年之后上升趋势越发明显，而非金融企业的金融化倾向引致了较高财务风险等，挤占了企业的资金，导致企业内部资源错配，这加剧了企业投资的非效率程度，尽管金融投资可能会因蓄积资金的作用在一定范围内对投资效率产生积极影响，但过高的金融投资会对投资效率产生负面影响，在我国当前金融投资过热的情况下，其主要使非效率投资增加。

非控股大股东退出博弈对于企业金融投资具有显著的抑制作用，这能够有效缓解金融化倾向对企业投资效率的不利影响。从投资过度方面来看，非控股大股东退出博弈降低金融投资表明公司治理水平的提高，能够减少投资过度决策，同时，金融投资水平的下降在一定程度上削弱了控股股东或管理层利用其蓄积资金过度投资的行为。从投资不足方面来看，金融投资的挤占效应是造成非效率投资和投资不足的重要原因，非控股大股东退出博弈缓解了金融投资对其他投资的挤占，降低了企业的资金风险，能够缓解投资不足。

基于以上分析，本文提出如下假设：

假设7-4：非控股大股东退出博弈对金融投资的抑制效用提升了企业投资效率。

### 7.2.5 非控股大股东退出博弈、创新投资与投资效率

创新投资是企业发展过程中必要的投资活动，对于企业来说，核心竞争力的培养是其长期可持续发展的关键要素，这就需要将创新投资作为基础。然而创新的风险性相对较高，需要大量、长期的资金投入，控股股东和管理层为了维护个人私利，即使创新投资对于企业长期发展有利，也会选择安于现状或放弃创新投资。企业初期的创新投资能够给企业带来一定的优势，无形资产初步形成，有效性逐步提高，从而降低成本，增加收益和竞争力。随着市场和企业的发展成熟，创新投资受到的关注越来越多，与创新相关的专利产权等法律制度保障越来越完善，创新投资在需要资金投入的同时也提升了公司治理和各方监督水平，企业能够从创新投资中汲取活力，这对投资效率具有正面作用。

非控股大股东退出博弈能够显著增加企业的创新投资，对企业投资效率产生积极作用，从整体上提高企业投资效率。从投资过度方面来看，非控股大股东退出博弈通过抑制

代理问题以及提高信息披露质量提高了创新投资水平，从治理角度抑制过度投资，同时，创新投资的投资周期较长、投资量较大，创新方面的投资资金能够在一定范围内抑制过度投资。从投资不足方面来看，非控股大股东退出博弈对创新投资产生了积极影响，缓解了控股股东为攫取控制权私利避免选择需要长期且大量资金的创新投资的行为，也改善了管理层安于现状、不积极甚至放弃创新投资的情况，显著增加了创新投资，缓解投资不足水平。

基于以上分析，本文提出如下假设：

假设7–5：非控股大股东退出博弈对创新投资的促进效用提升了企业投资效率。

# 7.3　研究设计

## 7.3.1　变量定义与模型设计

### 7.3.1.1　变量定义

#### 7.3.1.1.1　投资效率

被解释变量为投资效率。借鉴理查德森模型的计算方法，参考王克敏、陈少凌等的研究，根据模型计算出预期新增投资支出，随后以实际与预期新增投资的差额计算每个样本的残差来衡量投资效率。通常使用残差的绝对值代表投资效率（*EffInv*），该值为反向指标，数值越大表示投资效率越低。

$$Invest_{i,t}=\alpha_0+\alpha_1 Invest_{i,t-1}+\alpha_2 Growth_{i,t-1}+\alpha_3 Size_{i,t-1}+\alpha_4 Lev_{i,t-1}+\alpha_5 Cash_{i,t-1}+\alpha_6 Age_{i,t-1}+\alpha_7 Ret_{i,t-1}+Year\ FE+IndustryFE+\varepsilon_{i,t} \tag{7-1}$$

*Invest*为企业当期新增的投资支出，具体计算方式为：（现金流量表中的购建固定资产、无形资产和其他长期资产所支付的现金–处置固定资产、无形资产和其他长期资产收回的现金净额+购买子企业及其他营业单位所支付的现金–处置子企业及其他营业单位所收到的现金–当期折旧费用）/年初总资产，$Growth_{i,t-1}$、$Size_{i,t-1}$、$Lev_{i,t-1}$、$Cash_{i,t-1}$、$Age_{i,t-1}$、$Ret_{i,t-1}$分别为企业上一期的成长性水平（衡量方式为营业收入增长率）、企业规模、现金持有水平、上市年龄、年度超额回报率。*Year*和*Industry*分别企业的年份和行业虚拟变量。

7.3.1.1.2　非控股大股东退出博弈

解释变量为非控股大股东退出博弈。本书将非控股大股东定义为持股超过5%但又不掌握控制权的大股东，在合并一致行为人的基础上统计非控股大股东的相关数据。非控股大股东退出博弈（*ET*）的计算方法为股票流动性与非控股大股东竞争程度的乘积。股票流动性（$LIQUIDITY_{i,t}$）的衡量方式为流通股日均股票换手率，因为股票流动性越高，退出博弈的可信性越强，非控股大股东竞争程度（$BHCOMP_{i,t}$）需要利用企业非控股大股东与所有大股东持有流通股的比例关系。根据模型（7–3）计算得到。具体计算模型如下：

$$ET_{i,t} = LIQUIDITY_{i,t} \times BHCOMP_{i,t} \tag{7–2}$$

$$BHCOMP_{i,t} = (-1)\sum_{k=1}^{N}\left(\frac{NCLS_{k,i,t}}{BLOCK_{i,t}}\right)^2 \tag{7–3}$$

其中，在非控股大股东竞争程度（$BHCOMP_{i,t}$）的计算中，$NCLS_{k,i,t}$表示非控股大股东持有流通股的比例，*k*表明企业可能存在不止一个非控股大股东，$BLOCK_{i,t}$表示企业全部大股东持有流通股的比例之和。非控股大股东竞争程度（$BHCOMP_{i,t}$）为正向指标，其值越大，则说明非控股大股东之间的竞争程度越高。

7.3.1.1.3　控制变量

本章参考已有研究，控制了企业规模（*Size*）、资产负债率（*Lev*）、资产收益率（*Roa*）、现金水平（*Cash*）、总资产周转率（*Taturn*）、营业现金流（*Cfo*）、企业成长性（*Growth*）、第一大股东持股比例（*Top*1）、盈利能力（*Roe*）、上市年限（*Age*）、产权性质（*State*）、董事会规模（*Bods*）、独立董事比例（*Dir*）、监事会规模（*Sups*）、两职合一（*Dual*）。具体变量定义见表 7–1。

**表7–1　变量定义**

| 变量名 | 变量代码 | 变量定义 |
|---|---|---|
| 投资效率 | *EffInv* | 以实际新增投资和Richardson模型计算出预期新增投资之和的差额计算出的残差的绝对值来衡量投资效率 |
| 非控股大股东退出博弈 | *ET* | 股票流动性与非控股大股东竞争程度的乘积 |
| 企业规模 | *Size* | 期末总资产的自然对数 |
| 资产负债率 | *Lev* | 总负债与总资产的比值 |
| 资产收益率 | *Roa* | 净利润／总资产 |
| 现金水平 | *Cash* | 货币资金/总资产 |
| 总资产周转率 | *Taturn* | 营业收入与总资产的比值 |

续表

| 变量名 | 变量代码 | 变量定义 |
|---|---|---|
| 营业现金流 | *Cfo* | 经营活动现金流量净额/总资产 |
| 企业成长性 | *Growth* | （当年主营业务收入—上年主营业务收入）/上年主营业务收入 |
| 第一大股东持股比例 | *Top*1 | 企业第一大股东持股比例 |
| 盈利能力 | *Roe* | 净利润/所有者权益 |
| 上市年限 | *Age* | 企业成立至今的年数，取对数 |
| 产权性质 | *State* | 国有企业为0，非国有企业为1 |
| 董事会规模 | *Bods* | 董事会总规模的自然对数 |
| 独立董事比例 | *Dir* | 独立董事占董事总人数的比例 |
| 监事会规模 | *Sups* | 监事会总规模的自然对数 |
| 两职合一 | *Dual* | 董事长和总经理是同一人为1，否则为0 |

### 7.3.1.2　模型设计

为了检验前文假设，本章构建如下模型：

$$EffInv_{i,t}=\alpha_0+\alpha_1 ET_{i,t}+\alpha_2 Controls_{i,t}+\Sigma Year\ FE+\Sigma IndustryFE+\varepsilon_{i,t} \quad (7\text{–}4)$$

$$EffInv_{i,t}=\alpha_0+\alpha_1 ET_{i,t}+\alpha_2 IndInv/Fin/RD_{i,t}+\alpha_3 ET\times IndInv/ET\times Fin/ET\times RD_{i,t}+\alpha_4 Controls_{i,t}+\Sigma Year\ FE+\Sigma IndustryFE+\varepsilon_{i,t} \quad (7\text{–}5)$$

其中，$EffInv_{i,t}$为$i$企业在$t$年的投资效率，$ET_{i,t}$为$i$企业在$t$年的非控股大股东退出博弈（*ET*），同时，控制了年度固定效应模型和行业固定效应模型。模型（7–4）为了验证假设7–1，其中，若非控股大股东退出博弈（*ET*）的回归系数为$\alpha_1$则显著为负，就证明假设模型（7–1）成立，说明非控股大股东退出博弈提高了企业投资效率，模型（7–5）为了验证假设模型（7–2）（7–3）和（7–4），其中，若交乘项的回归系数为$\alpha_3$显著为负，就证明假设成立，说明非控股大股东退出博弈对投资结构的影响提高了企业投资效率。

## 7.4 非控股大股东退出博弈与投资结构变动回归结果

本节主要验证投资结构的具体内容：实业、金融、创新投资三项在非控股大股东退出博弈的影响下如何动态变化。根据前文研究结果，非控股大股东退出博弈显著增加了实业投资和创新投资，而对金融投资产生了显著的抑制作用。那么，非控股大股东退出博弈是否引起了投资结构的内部变动，即非控股大股东退出博弈抑制金融化产生的资金是否真正用于实业投资或创新投资，还是用于控股股东或管理层的其他机会主义行为，对该问题的深入探究，是对非控股大股东退出博弈治理效应的进一步佐证。

首先，本章重点探究金融投资是否挤占了实业投资和创新投资，该结果是非控股大股东能否发挥治理作用的前提。已有研究关于实业投资对金融投资的影响存在分歧，一方面，金融投资占用了实业投资的资金，对实业投资表现为挤出效应；另一方面，金融投资的蓄水池作用缓解了企业的财务困境，增加了企业实业投资。企业创新需要源源不断的大量投资，同时，金融资产会挤占创新的资金，最终金融投资会导致企业创新投入减少，在我国金融投资过热的现实情况下，会对实业投资和创新投资产生不利影响。建立模型（7–6）对该问题进行探究，由表7–2可见，列（1）中金融投资（*Fin*）的系数为–0.076，在1%的水平显著为负；列（3）中金融投资（*Fin*）的系数为–0.001，也在1%的水平显著为负，表明金融投资确实挤占了实业和创新投资。

$$IndInv/RD_{i,t}=\alpha_0+\alpha_1 Fin_{i,t}+\alpha_2 Controls_{i,t}+\Sigma Year\ FE+\Sigma IndustryFE+\varepsilon_{i,t} \tag{7–6}$$

在金融投资挤占了实业投资的情况下，应考虑非控股大股东在其中发挥了何种作用。非控股大股东退出博弈抑制了代理问题，同时增强了信息披露质量，其对企业金融投资的抑制作用在一定程度上缓解了实业、创新投资面临的融资约束问题，同时，非控股大股东通常持股时间较长，更为关注自身的长期收益，非控股大股东有更强的动机在资源有限的基础上促进实业和创新投资。因此，非控股大股东退出博弈抑制企业金融投资的作用会促进企业对长远发展有利的实业和创新的投入。非控股大股东退出博弈缓解了金融投资对实业、创新投资的挤占，能够深入了解非控股大股东退出博弈如何影响投资资金在不同投资之间的配置。建立模型（7–7）对该问题进行探究。

$$IndInv/RD_{i,t}=\alpha_0+\alpha_1 ET_{i,t}+\alpha_2 Fin_{i,t}+\alpha_3 ET\times Fin_{i,t}+\alpha_4 Controls_{i,t}+\Sigma Year\ FE+\Sigma IndustryFE+\varepsilon_{i,t} \tag{7–7}$$

由表7–2可见，列（2）结果显示，$ET\times Fin$的系数为0.315，在10%的水平显著为正，结合列（1）的结果，表明非控股大股东退出博弈抑制了金融投资对实业投资的负面作用。列（4）结果显示，$ET\times Fin$的系数为0.218，在1%的水平显著为正，结合列（3）的结果，表明非控股大股东退出博弈抑制了金融投资对创新投资的负面作用，验证了假设7-1，进一步说明了非控股大股东退出博弈对投资结构确实具有治理效应。实业投资、创新投资和金融投资在非控股大股东退出博弈的影响下是此消彼长的关系，非控股大股东退出博弈抑制金融投资产生的资金确实真正用于企业进行实业和创新投资（见表7-2）。

表7-2　非控股大股东退出博弈与企业投资结构变动

| 变量 | （1） | （2） | （3） | （4） |
|---|---|---|---|---|
| | *IndInv* | *IndInv* | *RD* | *RD* |
| *ET* | | 0.135*** | | 0.029** |
| | | （2.73） | | （2.44） |
| *Fin* | −0.076*** | −0.078*** | −0.001*** | −0.001 |
| | （−16.17） | （−16.14） | （−7.69） | （−0.70） |
| *ET×Fin* | | 0.315* | | 0.218*** |
| | | （1.78） | | （5.14） |
| *Size* | 0.008*** | 0.008*** | −0.000*** | −0.000*** |
| | （22.77） | （22.64） | （−3.44） | （−2.82） |
| *Lev* | 0.000 | 0.000 | −0.000*** | −0.000*** |
| | （0.14） | （0.13） | （−2.88） | （−2.93） |
| *Roa* | 0.004*** | 0.004*** | −0.000 | 0.000 |
| | （5.65） | （5.64） | （−0.16） | （0.25） |
| *Cash* | −0.027*** | −0.030*** | 0.012*** | 0.011*** |
| | （−8.75） | （−8.90） | （15.57） | （13.95） |
| *Taturn* | −0.009*** | −0.009*** | 0.004*** | 0.004*** |
| | （−10.16） | （−10.18） | （20.15） | （20.73） |
| *Cfo* | 0.039*** | 0.039*** | 0.006*** | 0.007*** |
| | （10.93） | （10.88） | （7.22） | （7.93） |
| *Growth* | 0.000*** | 0.000*** | −0.000 | −0.000 |
| | （4.90） | （4.90） | （−0.14） | （−0.13） |
| *Top*1 | −0.002 | −0.003 | −0.007*** | −0.007*** |
| | （−0.76） | （−0.98） | （−10.33） | （−9.65） |

续表

| 变量 | （1） | （2） | （3） | （4） |
|---|---|---|---|---|
| | *IndInv* | *IndInv* | *RD* | *RD* |
| *Roe* | −0.000 | −0.000 | −0.000 | −0.000 |
| | （−1.47） | （−1.49） | （−0.83） | （−0.88） |
| *Age* | −0.028*** | −0.028*** | −0.004*** | −0.004*** |
| | （−35.52） | （−35.56） | （−20.20） | （−21.13） |
| *State* | 0.016*** | 0.016*** | 0.000 | 0.000 |
| | （14.85） | （14.86） | （0.90） | （1.27） |
| *Bods* | −0.006*** | −0.006*** | 0.000 | 0.000 |
| | （−2.97） | （−2.95） | （0.72） | （0.47） |
| *Dir* | −0.006 | −0.006 | 0.002 | 0.002 |
| | （−0.93） | （−0.92） | （1.29） | （1.15） |
| *Sups* | −0.009*** | −0.009*** | −0.002*** | −0.002*** |
| | （−5.60） | （−5.57） | （−4.24） | （−4.29） |
| *Dual* | 0.005*** | 0.005*** | 0.001*** | 0.001*** |
| | （5.41） | （5.40） | （4.49） | （4.44） |
| *Constant* | 0.001 | 0.003 | 0.014*** | 0.014*** |
| | （0.10） | （0.30） | （6.62） | （6.44） |
| *IndustryFE* | *Yes* | *Yes* | *Yes* | *Yes* |
| *YearFE* | *Yes* | *Yes* | *Yes* | *Yes* |
| *N* | 31213 | 31213 | 31213 | 31213 |
| *R−squared* | 0.122 | 0.122 | 0.337 | 0.336 |

# 7.5　非控股大股东退出博弈、投资结构与投资效率回归结果

## 7.5.1　非控股大股东退出博弈与投资效率

表 7-3 是本章的主回归结果，由列（1）、（2）可见，非控股大股东退出博弈（*ET*）的系数分别为 -0.083、-0.058，分别在 1%、5% 的水平显著，验证了假设 7-2，说明在我国情境下，非控股大股东退出博弈能够发挥监督治理效应，对企业投资效率具有积极作用。

表7-3列（1）、（2）的结果检验了非控股大股东退出博弈与企业整体投资效率的关系，但该结果是对企业投资效率的综合考量，下面将进一步分析具体是影响过度投资还是投资不足。首先，根据模型（7-1）得到的残差正负分为投资过度和投资不足两组。其次，为了便于理解，将过度投资、投资不足两组均取绝对值。最后，过度投资（*OverInv*）值越大表示投资过度程度越大，同样地，投资不足（*UnderInv*）值越大表示投资不足程度越大。表7-3列（3）、（4）分别呈现了投资过度、投资不足情况下，非控股大股东退出博弈对投资效率的影响结果。由列（3）可见，在过度投资的企业样本中，非控股大股东退出博弈的系数为-0.116，在10%的水平显著，说明非控股大股东退出博弈对过度投资为负向影响，抑制了企业过度投资行为。由列（4）可见，在投资不足的企业样本中，非控股大股东退出博弈的系数为-0.036，在10%的水平显著，说明非控股大股东退出博弈对投资不足为负向影响，缓解了企业投资不足行为。说明非控股大股东退出博弈能够抑制企业的投资过度和投资不足问题，对投资效率产生了积极效应（见表7-3）。

表7-3　非控股大股东退出博弈与投资效率回归结果

| 变量 | （1） | （2） | （3） | （4） |
|---|---|---|---|---|
| | *EffInv* | *EffInv* | *OverInv* | *UnderInv* |
| *ET* | −0.083*** | −0.058** | −0.116* | −0.036* |
| | （−3.02） | （−2.11） | （−1.94） | （−1.81） |
| *Size* | | 0.001* | 0.003*** | −0.003*** |
| | | （1.91） | （5.38） | （−13.38） |
| *Lev* | | −0.000 | −0.000 | −0.001** |
| | | （−0.80） | （−0.32） | （−2.27） |
| *Roa* | | 0.001 | 0.001 | −0.001** |
| | | （1.06） | （0.53） | （−2.53） |

续表（一）

| 变量 | （1） | （2） | （3） | （4） |
|---|---|---|---|---|
| | *EffInv* | *EffInv* | *OverInv* | *UnderInv* |
| *Cash* | | −0.029*** | −0.041*** | −0.012*** |
| | | （−11.75） | （−6.33） | （−6.94） |
| *Taturn* | | −0.006*** | −0.012*** | −0.001** |
| | | （−8.28） | （−7.95） | （−2.28） |
| *Cfo* | | 0.004 | 0.018* | −0.004** |
| | | （1.50） | （1.83） | （−2.24） |
| *Growth* | | 0.000*** | 0.000*** | 0.000 |
| | | （6.14） | （4.20） | （0.42） |
| *Top*1 | | −0.005* | −0.005 | −0.002 |
| | | （−1.92） | （−1.06） | （−0.88） |
| *Roe* | | 0.000 | −0.000 | 0.000*** |
| | | （1.07） | （−0.86） | （4.86） |
| *Age* | | 0.009*** | 0.016*** | 0.001 |
| | | （13.99） | （13.13） | （1.58） |
| *State* | | 0.010*** | 0.019*** | 0.002*** |
| | | （11.34） | （10.07） | （2.99） |
| *Bods* | | −0.003* | −0.005 | −0.000 |
| | | （−1.82） | （−1.62） | （−0.11） |
| *Dir* | | −0.005 | −0.022** | 0.008** |
| | | （−0.93） | （−1.98） | （2.02） |
| *Sups* | | −0.004*** | −0.008*** | 0.000 |
| | | （−2.93） | （−3.04） | （0.26） |
| *Dual* | | 0.000 | 0.003 | −0.001** |
| | | （0.55） | （1.56） | （−1.99） |

续表（二）

| 变量 | （1） | （2） | （3） | （4） |
|---|---|---|---|---|
| | *EffInv* | *EffInv* | *OverInv* | *UnderInv* |
| *Constant* | 0.041*** | 0.024*** | −0.008 | 0.082*** |
| | （13.09） | （3.26） | （−0.54） | （15.39） |
| *IndustryFE* | *Yes* | *Yes* | *Yes* | *Yes* |
| *YearFE* | *Yes* | *Yes* | *Yes* | *Yes* |
| *N* | 31213 | 31213 | 12693 | 18520 |
| *R−squared* | 0.025 | 0.043 | 0.073 | 0.071 |

注：表中括号内为 T 值，***、**、* 分别表示在 1%、5% 和 10% 的水平上显著。下同。

### 7.5.2　非控股大股东退出博弈、实业投资与投资效率

表7-4是非控股大股东提高实业投资水平影响投资效率的回归结果，由列（1）可见，非控股大股东退出博弈（*ET*）与实业投资（*IndInv*）交乘项$ET \times IndInv$的系数为-6.857，在1%的水平显著，验证了本书的假设7-3，表明实业投资是企业稳定发展的基本保障，能够提升可持续发展的水平，增强企业在长期发展过程中的稳定性和收益水平。在我国目前实业投资效率持续下降的现状下，非控股大股东退出博弈对实业投资的促进效用提高了企业投资效率。

由表7-4列（2）可见，$ET \times IndInv$的系数为-4.782，在1%的水平显著；由列（3）可见，$ET \times IndInv$的系数为-9.351，也在1%的水平显著，表明非控股大股东退出博弈对实业投资的促进效用，能够通过抑制代理问题而盲目扩大的投资规模，对过度投资产生正面影响。同时，代理问题缓解了机会主义攫取私利行为、其他投资等方面对实业投资的挤占，因此，非控股大股东退出博弈对实业投资的促进效用能够有效缓解投资不足（见表7-4）。

表7-4　非控股大股东退出博弈、实业投资与投资效率回归结果

| 变量 | （1） | （2） | （3） |
|---|---|---|---|
| | *EffInv* | *OverInv* | *UnderInv* |
| *ET* | −0.264*** | −0.359*** | −0.107*** |
| | （−11.25） | （−7.60） | （−5.98） |

续表（一）

| 变量 | (1) | (2) | (3) |
|---|---|---|---|
| | EffInv | OverInv | UnderInv |
| IndInv | 0.007*** | 0.031*** | −0.001*** |
| | (18.10) | (29.62) | (−4.93) |
| ET × IndInv | −6.857*** | −4.782*** | −9.351*** |
| | (−44.05) | (−20.94) | (−26.74) |
| Size | −0.000 | 0.002*** | −0.002*** |
| | (−0.54) | (3.40) | (−10.37) |
| Lev | −0.000 | −0.000 | −0.002** |
| | (−1.20) | (−0.57) | (−2.39) |
| Roa | 0.000 | 0.001 | −0.000 |
| | (0.61) | (0.40) | (−1.18) |
| Cash | −0.028*** | −0.037*** | −0.008*** |
| | (−11.69) | (−6.32) | (−5.00) |
| Taturn | −0.005*** | −0.010*** | −0.001*** |
| | (−8.00) | (−7.67) | (−2.85) |
| Cfo | 0.002 | 0.007 | −0.001 |
| | (0.87) | (0.83) | (−0.52) |
| Growth | 0.000*** | 0.000*** | 0.000 |
| | (6.16) | (3.86) | (0.52) |
| Top1 | −0.004* | −0.002 | −0.001 |
| | (−1.85) | (−0.50) | (−0.57) |
| Roe | 0.000 | −0.000 | 0.000** |
| | (1.32) | (−1.08) | (2.18) |
| Age | 0.010*** | 0.015*** | −0.001** |
| | (17.01) | (13.31) | (−2.23) |

续表（二）

| 变量 | (1) | (2) | (3) |
|---|---|---|---|
| | *EffInv* | *OverInv* | *UnderInv* |
| *State* | 0.009*** | 0.014*** | 0.002*** |
| | (10.57) | (8.42) | (2.63) |
| *Bods* | −0.003** | −0.007** | −0.000 |
| | (−1.97) | (−2.25) | (−0.04) |
| *Dir* | −0.002 | −0.018* | 0.011*** |
| | (−0.45) | (−1.74) | (2.86) |
| *Sups* | −0.003*** | −0.007*** | −0.000 |
| | (−2.62) | (−2.73) | (−0.21) |
| *Dual* | −0.000 | 0.002 | −0.001* |
| | (−0.02) | (1.05) | (−1.83) |
| *Constant* | 0.032*** | 0.019 | 0.074*** |
| | (4.49) | (1.33) | (13.94) |
| *IndustryFE* | *Yes* | *Yes* | *Yes* |
| *YearFE* | *Yes* | *Yes* | *Yes* |
| *N* | 31213 | 12693 | 18520 |
| *R−squared* | 0.043 | 0.160 | 0.088 |

## 7.6　进一步检验

前文验证了非控股大股东退出博弈提高了企业投资效率，以上研究从投资效率的整体方面检验了非控股大股东退出博弈的作用。那么，非控股大股东退出博弈对实业投资效率、金融投资效率，以及创新投资效率是否具有显著影响，对该问题的深入探究，能够补充完善前文的治理结果，对企业进一步优化股权结构、提高投资效率具有积极作用。

非控股大股东退出博弈对实业投资效率的影响使用模型7–8来验证，以投资—投资机会敏感性进行验证，其中，*TQ*为企业的投资机会，以托宾*Q*值衡量，交乘项$\alpha_3$的系数表示投资机会每增加一单位，非控股大股东退出博弈促进实业投资增加的水平。由表7–5列（1）可见，$ET \times TQ$的系数为0.020，在10%的水平显著，说明非控股大股东退出博弈增强了企业实业投资机会的把握能力，提高了企业的投资—投资机会敏感性。

$$IndInv_{i,t}=\alpha_0+\alpha_1 ET_{i,t}+\alpha_2 TQ_{i,t}+\alpha_3 ET \times TQ_{i,t}+\alpha_4 Controls_{i,t}+\Sigma Year\ FE+\Sigma IndustryFE+\varepsilon_{i,t} \quad (7\text{–}8)$$

非控股大股东退出博弈对金融投资效率的影响，根据已有研究，用模型（7–9）中金融投资收益与金融投资资产的比值衡量金融投资效率（*FinEff*），金融投资资产的衡量方式与第五章的衡量方式一致，将金融投资效率（*FinEff*）作为被解释变量代入模型7–4中，具体回归结果见表7–5列（2），非控股大股东退出博弈（*ET*）系数为0.337，在1%的水平显著，说明非控股大股东退出博弈显著提高了金融投资效率。

$$金融投资效率（FinEff）=金融投资收益/金融投资资产 \quad (7\text{–}9)$$

非控股大股东退出博弈对创新投资效率的影响，以研发投入与创新产出敏感性衡量创新投资效率，具体计算方式为模型（7–10），将创新投资效率（*InnoEff*）作为被解释变量代入模型7–4中，具体回归结果见表7–5列（3），非控股大股东退出博弈（*ET*）的系数为0.103，在1%的水平显著，说明非控股大股东退出博弈显著提高了创新投资效率。

$$创新投资效率（InnoEff）= ln（1+发明专利、实用新型和外观设计专利的总申请量）/ln（1+研发支出） \quad (7\text{–}10)$$

表7–5的结果说明非控股大股东退出博弈显著提升了企业实业投资效率、金融投资效率和创新投资效率，与本章整体结果一致，证明了非控股大股东退出博弈对于投资效率的积极作用（见表7–5）。

**表7–5　非控股大股东退出博弈与不同类型投资效率的回归结果**

| 变量 | 实业投资效率 | 金融投资效率 | 创新投资效率 |
|---|---|---|---|
| | （1） | （2） | （3） |
| | *IndInv* | *FinEff* | *InnoEff* |
| *ET* | 0.023 | 0.337*** | 0.103*** |
| | （0.60） | （2.93） | （2.80） |
| *TQ* | 0.001*** | | |
| | （3.68） | | |
| $ET \times TQ$ | 0.020* | | |
| | （1.66） | | |

续表

| 变量 | 实业投资效率 | 金融投资效率 | 创新投资效率 |
|---|---|---|---|
| | （1） | （2） | （3） |
| | *IndInv* | *FinEff* | *InnoEff* |
| *Constant* | 0.029*** | −1.946*** | −0.369*** |
| | （3.83） | （−63.91） | （−37.64） |
| *Controls* | *Yes* | *Yes* | *Yes* |
| *IndustryFE* | *Yes* | *Yes* | *Yes* |
| *YearFE* | *Yes* | *Yes* | *Yes* |
| *N* | 31213 | 31213 | 31213 |
| *R−squared* | 0.142 | 0.364 | 0.381 |

# 7.7　本章小结

在我国经济高质量发展的总体要求下，投资效率是需要重点关注的问题，根据当前我国上市企业广泛存在非控股大股东持股的现实基础，本章基于股东退出博弈治理效应的视角，实证考察非控股大股东退出博弈对企业投资效率的影响。研究发现：（1）非控股大股东退出博弈与企业投资效率呈正相关关系，能够提高企业投资效率，抑制了过度投资，缓解了投资不足，该结果在经过内生性和稳健性检验后仍然成立。（2）非控股大股东退出博弈优化了企业投资结构，缓解了金融投资对实业、创新投资的挤占，对企业创新投资具有长期影响，增加了企业创新产出。（3）非控股大股东退出博弈对企业投资效率产生了积极影响。非控股大股东退出博弈对实业投资的促进效用提升了企业投资效率，能够抑制过度投资，缓解投资不足。非控股大股东退出博弈对金融投资的抑制作用提高了企业投资效率，表现为缓解投资不足。非控股大股东退出博弈对创新投资的积极作用提高了企业投资效率，表现为缓解投资不足。（4）进一步检验发现非控股大股东退出博弈能够提高实业投资效率、金融投资效率以及创新投资效率。（5）异质性检验表明，非控股大股东退出博弈对投资效率的影响，在企业治理水平较低和获得政府补助的企业中更显著。

本章的研究为不同类型股东尤其是非控股大股东的企业治理角色探讨提供了新思路和新证据，对于不断完善我国上市企业股权结构及其治理机制进而提高投资效率，推动高质量发展等具有重要的启示。首先，在企业微观层面，要充分重视和发挥非控股大股东的企业治理作用，非控股大股东退出博弈的积极效应也从侧面反映出我国企业治理水平随之不断进步完善。企业要以企业治理为基础，创造更为良好的内部环境，在保障非控股大股东的合理知情权及其参与权的同时，注重投资结构的优化，促进其对投资效率的积极影响。其次，应进一步推动优化股权结构改革，建立多种性质制衡的股权结构，这对提高上市企业投资效率，促进宏观经济高质量发展具有重要意义。最后，非控股大股东退出博弈具有积极影响，同时，其对内外部机制不同的企业的影响存在差异，因此，在推动股权结构改革以及非控股大股东参与企业治理时，不能一味强调股权制衡，要充分考虑不同企业的特点，推动形成股权结构合理、投资效率高效的高质量企业，从而保障经济高质量发展。

本章在第四、五、六章研究非控股大股东对企业投资结构影响的基础上，对投资效率的影响进行研究，研究内容层层递进，发现了非控股大股东退出博弈对投资效率的积极影响，证实了非控股大股东对投资结构的优化能够提高企业投资效率，证实了非控股大股东的作用，是企业内外部进一步重视非控股大股东治理作用的重要依据。

# 第 8 章

# 结论与展望

## 8.1 主要研究结论

在我国经济高质量发展的总体要求下，我国经济发展进入新常态，高质量投资是促进经济回升向好的重要途径，受到各级政府部门的重点关注。此时，如何进一步激发企业投资活力，提高企业投资效率也就成为上市企业亟待解决的现实问题。股东参与企业治理是现代企业制度的一大核心特征，随着我国股权改革进程不断推进，非控股大股东在上市企业的影响越来越重要，能够采用直接参与、直接退出以及退出博弈或博弈多种方式参与企业治理。上市企业的股东尤其大股东能够利用自身权力影响企业决策，投资作为事关企业发展的重要决策，非控股大股东能够对企业投资决策产生影响。

伴随着我国市场化改革的深入推进以及投资者法律保护的不断健全，退出博弈已成为非控股大股东参与企业治理的一种重要方式。由于非控股大股东持股较多，自身利益与企业发展息息相关，当通过积极发声渠道受阻或成本过高，但又不想直接退出时，会倾向于采用退出博弈影响企业决策，改变企业决策主体的认知。在社会心理学中，利益主体利用博弈表达诉求，通过施加压力进行讨价还价，最终目的是通过交流、谈判等方式在博弈中实现自身利益最大化。

鉴于此，本章从股东企业治理的角度出发，围绕非控股大股东产生退出博弈—影响投资活力—投资结构变动—投资效率的逻辑思路，以非控股大股东退出博弈为切入点，以投资结构和投资效率为对象，重点考察了非控股大股东退出博弈的治理效果。以2010—2021年我国沪深A股上市企业为研究样本，层层递进实证检验了非控股大股东退出博弈对企业投资决策的影响。本章的主要研究结论如下。

第一，非控股大股东退出博弈有助于提升实业投资水平。从退出博弈的程度来看，非控股大股东退出博弈在退出博弈可信度及强度较高的上市企业中影响更加显著。从非控股大股东其他治理方式的影响来看，实际退出作为退出博弈产生作用的前提，对企业实业投资具有显著的提升作用，同时，当非控股大股东直接参与企业治理时，会抑制其使用退出博弈的动机。异质性非控股大股东退出博弈对实业投资影响存在显著差异，机构投资者、外资及长期战略型大股东的退出博弈对实业投资的影响更大。作用机制检验结果表明，非控股大股东退出博弈通过缓解两类问题以及提高信息披露质量，从而提升企业实业投资水平。异质性分析结果表明，非控股大股东退出博弈在内外部环境不会同时产生差异化影响，具体而言，非控股大股东退出博弈在分析师关注少和面临行业竞争程度更低的上市企业中，对企业实业投资的提升效应更显著。进一步研究发现，上市企业减持管制政策会削弱非控股大股东退出博弈对企业实业投资的影响，而放松卖空管制政策强化了二者的关系。

第二，非控股大股东退出博弈有助于抑制企业金融投资。从退出博弈的程度来看，非控股大股东退出博弈在退出博弈可信度及强度较高的上市企业中显著抑制了金融投资。非控股大股东退出也与金融投资显著负相关，当非控股大股东直接参与企业治理时，会抑制其使用退出博弈的动机。考虑非控股大股东身份差异，机构投资者、外资以及长期战略型大股东退出博弈对金融投资产生了更显著的影响。机制检验结果发现，非控股大股东退出博弈通过降低两类代理成本、提高信息披露质量从而影响企业金融投资。进一步检验发现，非控股大股东退出博弈显著抑制了企业对表现为投资替代效应的长期金融资产的持有。异质性分析结果表明，非控股大股东退出博弈对金融投资的影响在市场化发展水平较低、环境不确定性较大的情况下，能够对企业金融投资发挥显著作用。基于我国外生政策冲击角度，上市企业减持管制政策削弱了非控股大股东退出博弈对企业金融投资的负相关关系，而放松卖空管制政策强化了非控股大股东退出博弈对企业金融投资的影响。

第三，非控股大股东退出博弈有助于提升企业创新投资水平，对企业创新投资具有长期影响，增加了企业创新产出。从退出博弈的程度来看，非控股大股东退出博弈在退出博弈可信度及强度较高的上市企业中对创新投资的作用更明显。从非控股大股东其他治理方式来看，直接退出对创新投资产生了显著影响，当非控股大股东直接参与企业治理时，会抑制其使用退出博弈的动机。从非控股大股东异质性角度来看，机构投资者、外资以及长期战略型大股东退出博弈对创新投资产生了更显著的影响。作用机制检验结果表明，非控股大股东退出博弈通过降低两类代理成本、提高信息披露质量从而增加企业创新投资。进一步研究发现，非控股大股东退出博弈能够增加企业的创新产出。基于外部市场环境发展拓展检验，非控股大股东退出博弈在外部环境不同时会产生差异化影响，具体而言，非控股大股东退出博弈在市场化进程较高以及工业企业中，对创新投资水平的提升效应更显著。基于我国外生政策冲击角度，上市企业减持管制政策削弱了非控股大股东退出博弈对企业创新投资的负相关关系，而放松卖空管制政策强化了非控股大股东退出博弈对企业创新投资的影响。

第四，非控股大股东退出博弈有助于提高企业投资效率，本书证明了非控股大股东退出博弈与企业投资效率间的正相关关系。非控股大股东退出博弈能够优化企业投资结构，缓解了金融投资对实业、创新投资的挤占，同时，非控股大股东退出博弈提升实业、创新投资以及抑制金融投资的效应对企业投资效率产生了积极影响。进一步研究结果表明，非控股大股东退出博弈能够提高实业投资效率、金融投资效率以及创新投资效率。此外，非控股大股东退出博弈对投资效率的影响，在企业治理水平较低和获得政府补助的企业中更显著。

## 8.2 研究启示与建议

### 8.2.1 对监管部门的启示与建议

第一，监管部门需要加强对股票市场的监管，进一步推动市场化改革，发挥市场的决定性作用，充分保障股票的流动性。股权分置改革对于我国股票市场的流动性产生了非常重要的影响，能够灵活退出是非控股大股东退出博弈的重要前提，因此监管部门应推动股票市场的发展完善，一方面，巩固股权分置改革的积极成果；另一方面，为非控股大股东退出博弈的积极作用营造良好的市场环境。

第二，高质量发展的目标离不开企业的高质量投资，相关部门应加强对企业投资的监管、支持和引导。近年来，实体企业的投资活力不足，创新投资亦缺乏积极性，同时，偏好金融投资而忽略了实业投资和创新投资，导致经济风险加剧，企业核心竞争力有待提高，有关部门应监管过热的金融投资行为、支持实业和金融投资不断提升、引导企业优化投资结构，提高企业实力和投资效率，以高质量投资促进高质量发展。

第三，监管部门要不断改进投资者保护机制，完善上市企业信息披露制度。改进投资者保护机制不仅能够保障非控股大股东的权益，从而充分发挥其正面治理作用，而且能够进一步激励投资者进行投资，有助于提升企业投资活力。而提升上市企业的信息披露质量，为非控股大股东及时获取企业信息提供了途径，同时，能够在一定程度上加强对企业控股股东和管理者的监管，对缓解企业信息不对称，抑制代理问题具有积极意义。

### 8.2.2 对上市企业的启示与建议

第一，要进一步完善企业治理机制，营造良好的内部环境，从而充分发挥非控股大股东的作用。企业内部治理水平对非控股大股东的效用以及投资决策均会产生非常重要的影响，提高企业治理能够优化信息管理水平，维护非控股大股东的权益，使其有信心、有动力参与到企业治理中来，非控股大股东退出博弈的积极效应体现了我国企业治理在不断完善的过程中，因此，企业要强化企业治理，创造更为良好的内部环境，保障非控股大股东的合理知情权及其参与权。同时，企业治理水平的提升会增强投资决策的科学性，促进企业的发展。

第二，优化股权结构，充分重视非控股大股东的治理作用。促进合理制衡股权结构的建立，适时引入长期战略型大股东，并充分利用机构投资者大股东、外资大股东的积极作用来促进企业发展。在股权结构改革完善的进程中使企业成为进退机制灵活、股权结构合理的高质量企业，充分发挥非控股大股东退出博弈对企业的积极作用，优化投资决策，提高投资效率。

第三，积极响应国家的高质量发展的政策要求，不断优化企业投资结构。投资对于企业的长远发展来说至关重要，也是企业增强核心竞争力、提升整体实力的重要途径，企业应积极顺应国家政策的要求，为经济高质量发展和社会稳定发挥上市企业应尽的义务，同时，在考虑自身特点的基础上，加强企业内部对投资的监管，防范企业脱实向虚，充分重视实业投资和创新投资，保证企业的稳定发展。

### 8.2.3　对非控股大股东的启示与建议

首先，非控股大股东应积极参与企业治理，利用自身优势促进企业发展。传统参与企业治理的方式以直接参与为主，随着退出博弈作用机制的逐步体现，构成了有效治理企业实业投资不足、过度金融化的一个可行路径，非控股大股东能够使用退出博弈的方式维护自身利益，灵活采用多种企业治理方式参与企业的相关决策，对退出博弈方式的合理利用，在改善企业投资结构的同时，能够保障投资者的自身权益。非控股大股东应充分发挥主观能动性，顺应监管部门的政策导向，提高企业内部治理水平，合理利用直接参与、退出博弈等多种治理方式积极参与治理。

其次，非控股大股东应加强对自身的要求，认识到自身的作用和责任，不断提升综合素质。一方面，非控股大股东应充分认识到自身的作用、责任以及影响力，利用多种方式积极参与企业治理，使企业发展和自身收益得到双赢，不能仅仅将参与企业治理的方式作为牟取私利的工具，如利用退出方式影响股价从而获取超额收益。另一方面，非控股大股东要提高自身的专业知识和技能，了解行业特征和企业经营管理现状，准确发挥自身作用，避免盲目干预，从而积极推动企业发展。

## 8.3　研究局限与展望

本书从股东的企业治理角色出发，探讨了非控股大股东退出博弈对企业投资决策的影响，具有重要的理论意义和现实价值。本书为大股东退出博弈有效性的文献提供了新证据，丰富和拓展了企业投资相关的研究体系，对于不断完善我国上市企业股权结构及其治理机制提供新思路，为上市企业进一步激发投资活力、优化投资结构、提高投资效率，从而推动经济高质量发展具有重要的启示。本书研究过程中仍存在一些局限，关于非控股大股东企业治理的作用和机制仍存在进一步思考和探究的空间，具体表现在以下三方面。

第一，对于非控股大股东退出博弈的衡量方式，本书以非控股大股东持股比例与股票流动性的乘积来衡量，同时，还在实证分析中考虑了退出博弈可信性、退出博弈主体特征差异、融资融券等政策制度的影响。以非控股大股东持股比例与股票流动性的乘积衡量退出博弈是学术研究中较为普遍的做法。同时，还有以我国股权分置改革这一事件作为退出博弈的替代变量，因为股权分置改革极大地改善了股票流动性，直接影响了退出博弈，此外，还有学者以融资融券制度衡量退出博弈，以上衡量方式均存在优、劣势。目前学术研究中也暂未出现一种较为科学合理的方式对退出博弈进行衡量，退出博弈作为一种潜在的治理机制，如何在中国市场中对其进行更加直接准确的衡量，还有待进一步关注。

第二，非控股大股东的身份、立场以及退出博弈的动机方面，本书考虑了非控股大股东身份差异性的影响，由持股主体差异分为机构投资者大股东、自然人大股东、外资大股东，由持股目的差异分为长期战略型大股东和短期投机型大股东，分别考虑不同主体退出博弈存在的影响。非控股大股东为了维护自身利益对企业进行监督，其是否会与控股股东和管理层形成合谋有待进一步研究，这就需要深入考虑退出博弈的动机，在使用此方法进行企业治理决策时，其中的监督治理目标和获取利益目标如何分别详细衡量，有助于详细分析非控股大股东的整体作用，需要深入思考。

第三，对于退出博弈的治理机制和治理效应，本书从企业投资效率的角度入手，深入分析了非控股大股东退出博弈与企业投资结构、投资效率的中介机制，考虑了非控股大股东退出博弈影响企业投资结构对投资效率所产生的经济效应。对于退出博弈的相关探讨，后续研究还有较大的讨论空间，研究内容可进一步考虑退出博弈产生的诱因，什么特征的企业中会产生退出博弈，而不是其他直接参与方式，同时，可分析其对企业决策的影响，使退出博弈的研究框架更加丰富。

# 参 考 文 献

[1]安磊，鄢伟波，沈悦.贷款利率下限放开抑制了企业金融化吗？[J].统计研究，2022，39（8）：88–101.

[2]陈艳利，袁美琪.非控股大股东退出威胁会抑制高管薪酬粘性吗[J].贵州财经大学学报，2022（4）：42–51.

[3]陈洋林，蒋旭航，张长全.实体企业金融化与创新投入的非线性效应研究[J].中央财经大学学报，2023（1）：69–80.

[4]陈志斌，汪官镇.CEO自由裁量权与企业投资效率[J].会计研究，2020（12）：85–98.

[5]董必荣，王璇.董事会断裂带与企业投资效率[J].商业研究，2022（5）：1–12.

[6]冯晓晴，文雯.国有机构投资者持股能提升企业投资效率吗？[J].经济管理，2022，44（1）：65–84.

[7]傅祥斐，李莹，赵立彬，等.经济政策不确定性、董事高管责任险和公司投资不足[J].科学决策，2021（7）：1–19.

[8]贺康，逯东，张立光.家族企业创始控制与企业创新投入[J/OL].南开管理评论：1–18[2023–02–04].

[9]后小仙，郑田丹.金融化、财政激励与企业投资结构[J].审计与经济研究，2021，36（3）：117–127.

[10]胡永平.融资依赖、IPO与创业板上市公司创新投资[J].科研管理，2022，43（3）：117–124.

[11]黄思宇，栾中玮.董事会多样性与投资效率[J].财政科学，2022（3）：72–89.

[12]何运信，陈飞.银行业竞争加剧还是抑制了企业金融化[J].经济理论与经济管理，2022，42（6）：50–63.

[13]贾洪文，程星.政府税收优惠对企业创新的影响研究——基于融资约束视角[J].税务与经济，2022（4）：10–18.

[14]蒋鹏程，江红莉.数字金融与实体企业金融投资行为[J].统计与信息论坛，2023，38（1）：43–54.

[15]金龙，丁志国，刘欣苗.债务违约事件对企业投资结构偏向的影响[J].财经论丛，2021（4）：72–82.

[16]康艳玲，王满，陈克兢，等.外部大股东退出威胁与企业投资效率：理论模型与实证检验[J].运筹与管理，2022，31（1）：190–195.

[17]李恩极，张晨，万相昱.经济政策不确定性下的创新决策：企业韧性视角[J].当代财经，2022（10）：102–114.

[18]李倩，吴昊，王嘉敏.媒体报道倾向对投资水平的影响[J].商业研究，2021（6）：81–92.

[19]李万利，潘文东，袁凯彬.企业数字化转型与中国实体经济发展[J].数量经济技术经济研究，2022，39（9）：5–25.

[20]廖静，刘星.高管改革开放经历与企业投资效率[J].管理工程学报，2022，36（2）：61–72.

[21]刘洋洋，王生年.非控股大股东退出威胁会影响会计信息可比性吗?[J].财经论丛，2023（8）：59–69.

[22]刘洋洋，吴昊旻. 非控股大股东退出威胁影响企业金融化吗?[J].财贸研究，2023，34（5）：94–110.

[23]刘洋洋，吴昊旻.非控股大股东退出威胁与股价崩盘风险[J].财会月刊，2022（21）：35–41.

[24]刘亦文，谭慧中，陈熙钧，等.数字经济发展对实体经济投资效率提升的影响研究[J].中国软科学，2022（10）：20–29.

[25]罗云峰，柳永明，王会龙.企业金融资产配置的流动性调整与创新投资驱动[J].当代经济管理，2022，44（2）：79–86.

[26]黄孝武，宗树旺.金融市场化水平、资本错配与僵尸企业形成[J].海南大学学报（人文社会科学版），2024，42（1）：54–64.

[27]全诗凡，张倩倩.房价上涨如何挤出制造企业的实业投资?——基于资金重配的视角[J].经济与管理，2022，36（2）：85–92.

[28]尚航标，宋学瑞，王智林.监督与纾困！机构投资者持股与企业投资效率的关系研究[J].技术经济，2022，41（3）：128–138.

[29]邵俊尧，张平.放开贷款利率管制对企业创新投资的影响研究[J].财经理论与实践，2023，44（1）：11–18.

[30]王宸，陆超，戴静雯.产品市场竞争、经济政策不确定性与企业投资效率[J].北京交

通大学学报（社会科学版），2022，21（4）：134–149.

[31]王佳，查璐璐，李宝礼.高管——员工薪酬差距对企业创新投入的影响[J].华东经济管理，2022，36（9）：120–128.

[32]王静，朱瑞雪，李长娥.高管薪酬粘性与企业创新——基于国有上市公司的实证检验[J].东岳论丛，2022，43（8）：109–122+192.

[33]王生年，刘洋洋.非控股大股东退出威胁影响了审计师风险决策吗?[J].商业经济与管理，2023（3）：35–49.

[34]王雄元，徐晶.放松市场准入管制提高了企业投资效率吗?——基于“市场准入负面清单”试点的准自然实验[J].金融研究，2022（9）：169–187.

[35]王志芳，索成瑞.非控股大股东退出威胁与企业并购绩效[J].经济问题，2022（3）：74–83.

[36]辛金国，蔡婧靓，杨晨，等.营商环境、融资结构与家族企业创新投入[J].科研管理，2023，44（1）：56–65.

[37]熊凯军.研发补贴、非研发补贴如何影响企业创新投入[J].科学学研究，2023，41（1）：181–192.

[38]熊正德，魏唯.金融错配对企业创新投资的影响——来自中国数字创意上市公司的经验证据[J].湖南大学学报（社会科学版），2023，37（1）：50–57.

[39]徐虹，谢莉莉.风险投资退出与企业创新——基于超额委派董事的调节效应[J].财务研究，2022（4）：67–80.

[40]徐鹏，孙宁，敖雨.供应链金融与企业创新投入[J/OL].外国经济与管理：1–13[2023–02–04].

[41]杨兴全，杨征.“国家队”持股能抑制企业“脱实向虚”吗?——实体企业金融化视角[J].财经论丛，2022（12）：59–69.

[42]张月玲，唐正.年报监管问询、非控股大股东退出威胁与审计费用[J].审计与经济研究，2022，37（4）：33–42.

[43]张昭，朱峻萱，李安渝.企业金融化是否降低了投资效率[J].金融经济学研究，2018，33（1）：104–116.

[44]赵宝芳，陈晓丹.政府创新补贴、风险投资与企业创新——基于信号传递的视角[J].管理评论，2022，34（12）：109–120.

[45]郑莉萍，孙华妤，莫斌.货币政策环境与企业投资行为选择——基于信贷期限结构视角[J].当代经济管理，2022，44（6）：87–96.